Reuchlin | Ratschlag

Johannes Reuchlin

Ratschlag, ob man den Juden alle ihre Bücher nehmen, abtun und verbrennen soll

Frühneuhochdeutsch/Neuhochdeutsch

Herausgegeben und übersetzt
von Jan-Hendryk de Boer

Reclam

Der Verlag dankt der niederländischen Reuchlin-Familienstiftung Stichting Reuchlin Collecties, von der die Drucklegung dieses Werks unter Vermittlung der Stadt Pforzheim großzügig gefördert wurde.

RECLAMS UNIVERSAL-BIBLIOTHEK Nr. 14248
2022 Philipp Reclam jun. Verlag GmbH,
Siemensstraße 32, 71254 Ditzingen
Gestaltung: Cornelia Feyll, Friedrich Forssman
Druck und Bindung: Eberl & Koesel GmbH & Co. KG,
Am Buchweg 1, 87452 Altusried-Krugzell
Printed in Germany 2022

ISBN 978-3-15-014248-6
www.reclam.de

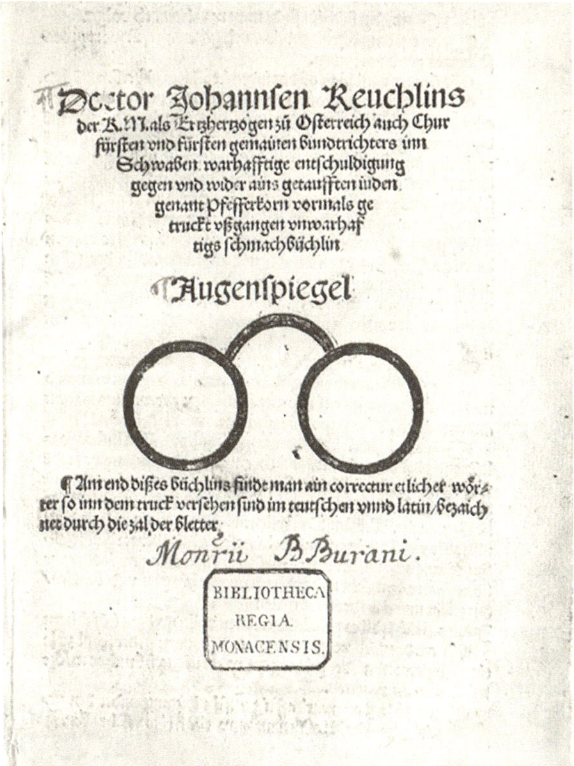

Doctor Johannsen Reuchlins
der K. M. als Ertzhertzogen zů Osterreich auch Chur
fürsten vnd fürsten gemainen bundtrichters inn
Schwaben warhafftige entschuldigung
gegen vnd wider ains getaufften iuden
genant Pfefferkorn vormals ge
truckt vßgangen vnwarhaf
tigs schmachbüchlin

Augenspiegel

Am end diß es büchlins findt man ain correctur etlicher wör-
ter so inn dem truck versehen sind im teutschen vnnd latin / bezaich
net durch die zal der bletter.

Monrii B Burani.

Titelblatt des *Augenspiegels* von Johannes Reuchlin, gedruckt von Thomas Anshelm, Tübingen 1511 (Stadtarchiv Pforzheim – Institut für Stadtgeschichte, Treu 36 305)

Ratschlag ob man den Juden alle ire buͤcher nemmen / abthuͤn vnnd verbrennen soll

Dem durchleüchtigsten vnd hochwirdigsten fürsten vnd herrn herrn Vrieln ertzbischoff zuͤ Mentz des hailgen roͤmischen rychs durch Germanien ertzcantzlern vnnd churfürsten etc. mynem gnedigsten herren / Embeüt ich Johannes Reüchlin von Pfortzheim maister in der philosophi / vnd in kaißerlichen rechten doctor / myn vndertenig willig dienst alzeit beuor. Hochwirdigster fürst gnedigster herr. Des aller durchleüchtigsten vnnd großmechtigsten fürsten vnd herren herren Maximilian Roͤmschen kaisers vnßers aller gnedigsten herren commission vnd beuelch hieuor an euer fürstlich gnaden außgangen vnnd ietzt mir sampt ainem mandat überschickt / hab ich aus rechter vndertenigkait mit hohen eeren vnd reuerentz empfangenn wie sich gebürt / darinn mir beuolhen ist / den handel der genommen oder consignierten iuden buͤcher so sie yetzo über die gebott Moysi / der propheten vnnd psalter des alten testaments gebrauchen / grüntlichen vnnd nach notturfft zuͤ erwegen. vnd zuͤ ratschlagen welcher massen vnnd vff was grund vnd weg das alles an zuͤfahen vnd zuͤ thuͤnd sy / Vnnd sunderlich ob sollich buͤcher ab zethuͤn goͤttlich / loͤblich vnnd dem hailigen cristglauben nützlich sy / vnd zuͤ meerung gotts dienst vnd guͤttem kommen moͤg / Wie wol ich mich aber soͤlcher grossen sachen der cristenlichen kirchen nütz / vnd roͤmscher K. M. lob vnnd eer betreffende. gar vil zuͤ klain wais vnnd acht. ye doch auß schuldiger pflicht wil ich lieber gegen mengklichem für vnweis dann für vngehorsam gehalten wer-

Gutachten, ob man alle Bücher der Juden einziehen, beseitigen und verbrennen soll

Dem sehr erlauchten und hochwürdigen Fürsten und Herrn, Herrn Uriel, Erzbischof von Mainz, Erzkanzler des Heiligen Römischen Reichs deutscher Nation und Kurfürst, meinem gnädigsten Herrn, entbiete ich, Johannes Reuchlin aus Pforzheim, Magister der Philosophie und Doktor der kaiserlichen Rechte, vorausschickend meinen jederzeit untertänigen und bereitwilligen Dienst. Hochwürdigster Fürst, gnädigster Herr. Den Auftrag und Befehl des allererlauchtesten und großmächtigsten Fürsten und Herrn, Herrn Maximilian, des römischen Kaisers, unseres allergnädigsten Herrn, der zuerst an Eure fürstliche Gnaden ergangen und nun mir mitsamt einem Mandat zugesandt worden ist, habe ich als gehorsamer Untertan mit großer Ehrerbietung und Ehrfurcht empfangen, wie es sich gehört. Darin wurde mir befohlen, den Fall der eingezogenen oder beschlagnahmten Bücher der Juden, welche sie heutzutage über die Gebote Moses, die Propheten und den Psalter des Alten Testaments hinaus gebrauchen, gründlich und der Erfordernis nach zu untersuchen und ein Gutachten zu verfassen, in welcher Weise, auf welcher Grundlage und auf welchem Weg die Sache zu beginnen und umzusetzen sei. Und insbesondere sollte ich klären, ob es fromm, lobenswert und dem heiligen christlichen Glauben förderlich sei sowie die Gottesverehrung und das Gute mehre, solcherart Bücher zu beseitigen. Obwohl ich mich für viel zu gering für eine solche große Angelegenheit weiß und erachte, die den Nutzen der christlichen Kirche und Lob und Ehre der Römischen Kaiserlichen Majestät betrifft, will ich dennoch aus Pflichtgefühl lieber von jedermann für nicht weise als für nicht gehorsam gehalten werden und daher meine bescheide-

den / vnnd daruff mein klain verstendigkait inn geschrifft geben vff die fragen wie hernach volgt.

Ob den iuden ire buͤcher soͤllent oder moͤgent von rechts wegen genommen. abgethon oder verbrent werden. Sagent ettlich ia / vß vil vrsachen. Zuͤm ersten / dan sie seien wider die cristen gemacht / Zuͤm andern sie schmehen Jesum / Mariam vnd die zwelff botten / auch vnns vnd vnser cristenliche ordnung. Zuͤm dritten dann sie seien falsch. Zuͤm vierden so werden dar durch die iuden verfuͤrt das sie verharren in irer iüdischhait vnd nit zuͤm cristen glauben kommen / Welcher aber solch gros übel weren moͤcht [B i^{v}] Vnnd das nit verhuͤtet noch abtette / der were dem tetter gleichfoͤrmig zuͤ achten vnd solte als ain mitverwilliger gleicher straff gehalten werden / extra de off. delega. c.i. et i.q.i. quicquid inuisibilis.

Aber etlich synd die dar zuͤ sagen / Nain / auch nit on vrsachen. Zum ersten dann die iuden als vnderthonen des hailigen roͤmschen reichs sollent by kayßerlichen rechten behaltten werden. l. iudei communi romano iure. C. de iude. Zuͤm andern was vnser ist das soll von vns nit moͤgen kommen / on vnßer zuͤ thuͤn / l. id quod nostrum. ff. de reg. iur. Zum dritten kaißerliche vnd künigkliche recht auch andere furstliche satzungen habent es fürkommen das nieman das syn verliere durch gewalt. l. i. §. nequid autem. ff. de vi. et vi. Zum vierden so sol ain ieglicher by synem alten herkommen brauch vnd besesß behalten werden / ob er gleich ain rauber wer / c. in literis de resti. spo. in fi. Zum funfften so sollennt die iuden ire synagogen die man nennet schul ruͤwigklich on irrung vnnd eintrag moͤgen halten. c. iij. extra. de iudeis. Zuͤm sechsten so sind sollch iuden bücher noch nit weder von gaistlichen noch weltlichen rechten verworffen noch verdampt / patet per omnia corpora iuris et patrum decreta / Vnnd darumb mainen die selben man sol nit moͤgen solliche buͤcher den iuden abreissen vnd die vndertrucken oder verbrennen.

ne Einsicht in Bezug auf Fragen in folgender Weise schriftlich niederlegen.

Ob den Juden ihre Bücher rechtmäßig fortgenommen, beseitigt und verbrannt werden sollen oder können. Das bejahen einige aus vielerlei Gründen. Erstens weil die Bücher gegen die Christen geschrieben worden seien. Zweitens weil sie Jesus, Maria und die zwölf Apostel sowie uns und unsere christliche Ordnung schmähten. Drittens weil sie falsch seien. Viertens weil die Juden durch ihre Bücher dazu verführt würden, in ihrem Judentum zu verharren und sich nicht zum christlichen Glauben zu bekehren. Wer jedoch ein solch großes Übel abwehren könnte und es dennoch nicht verhinderte und beseitigte, der wäre dem Täter gleich zu erachten und sollte als willentlicher Unterstützer die gleiche Strafe erhalten, siehe X 1.29.1 und D. 11,1.1.101.

Aber es gibt auch einige, die die Frage verneinen, und dies nicht grundlos. Erstens weil die Juden als Untertanen des Heiligen Römischen Reichs durch kaiserliche Rechte geschützt werden sollen, siehe Cod. 1.9.8. Zweitens weil wir das, was uns gehört, nicht einbüßen sollen, siehe Dig. 50.17.11. Drittens setzen kaiserliches und königliches Recht sowie andere fürstliche Gesetze fest, dass niemand das Seine durch Gewalt verliere, siehe Dig. 43.16.1.2. Viertens soll jeder in seinem Herkommen, Brauch und Besitz gelassen werden, selbst wenn er ein Räuber wäre, siehe X 2.13.5. Fünftens sollen die Juden ihre Synagogen, die man Schulen nennt, ruhig und ohne Belästigung oder Beeinträchtigung behalten können, siehe X 5.6.3. Sechstens sind solche jüdischen Bücher niemals durch kanonisches oder durch weltliches Recht verworfen oder verurteilt worden, wie offenkundig ist durch alle juristischen Sammlungen und die Dekrete der Kirchenväter. Und daher meinen jene, man dürfe solche Bücher den Juden nicht mit Gewalt fortnehmen und sie unterdrücken oder verbrennen.

Jn gottes namen amen. Vff dise frag zůͤ anttwurten ist not zůͤ bedencken was zizania vnd unkraut vnd was triticum oder waissen sei / da mit ains nit mit dem andern vß geraufft werd / wie das hailig euangelium spricht Matthei xiij. Nun find ich vnnder den iuden bůͤchern das sie seien mannicherlai gestalt. Zůͤm erstenn die hailig schrifft haissen sie Essrim varba das ist xxiiij. dann so vil haben sy bůͤcher inn ir bibel. Zum andern den Thalmud das ist ain versamelte leer vnnd auslegung aller gebott vnnd verbott / so in der thora das ist in den fünff bůͤchern Moysi inen gegeben / der do sechs hundert vnd xiij. inn der zal / durch vil irer hochgelerten vor langen zytten beschriben sind. Zum dritten find ich die hohe haimlichait der reden vnd woͤrter gottes / die sie haissent Cabala. Zum vierden find ich scribenten vnnd doctores die do glos vnnd comment schreiben über yeglichs buch der bibel inn sunderhait. Solliche comment oder commentarien haissen sie perusch. Zum funfften find ich sermones [B ii^{r}] disputationes vnd predig bucher genant midrasch oder draschoth. Zůͤm sechsten find ich gelert leüt vnnd philosophos inn allen künsten die werden mit gemainem wort Sepharim das ist bücher genannt nach aines yegklichen künstners vnnd der kunst namen. Zůͤm letsten find ich poetry / fabel / gedicht merlin / spoͤtterei / vnnd exempel bůͤchlin / des hat iegklichs seinen aigen namen / wie der dichter des selben bůͤchlins ainen zůͤ fall gehabt hat / vnd die selben werden von dem merertail der iuden selbs für gelogen vnnd erdicht geacht. Vß denen yetzt zůͤ letst gemeltten bůͤchlin mag sein / es werden ettliche gefunden aber gar wenig / die ettwas spottwort nachred oder lesterung vnßerm lieben herrn vnnd gott Jesu vnnd seiner werden můͤtter auch den aposteln vnnd hailigen zůͤ legent / Deren hab ich nit mer dann zway geleßen / das ain wirt

In Gottes Namen, amen. Um auf diese Frage antworten zu können, ist es erforderlich zu bedenken, was mit den Begriffen ›zizania‹, zu Deutsch ›Unkraut‹, und ›triticum‹, zu Deutsch ›Weizen‹, gemeint ist, damit das eine nicht mit dem anderen ausgerissen werde, wie das heilige Evangelium in Mt 13,29 sagt. Nun finde ich unter den jüdischen Büchern mehrere Arten. Erstens die Heilige Schrift, die sie ›Essrim varba‹ nennen, was 24 bedeutet, denn so viele Bücher umfasst ihre Bibel. Zweitens den Talmud; dabei handelt es sich um eine Sammlung von Lehrsätzen und Auslegungen aller Gebote und Verbote, die ihnen in der Tora, das heißt den fünf Büchern Moses, gegeben sind. Deren Zahl beträgt 613. Sie wurden durch viele ihrer großen Gelehrten vor langer Zeit niedergeschrieben. Drittens finde ich das tiefe Geheimnis der Reden und Worte Gottes, das sie Kabbala nennen. Viertens finde ich Schriftsteller und Gelehrte, die Glossen und Kommentare insbesondere über die einzelnen Bücher der Bibel schreiben. Diese Auslegungen oder Kommentare nennen sie auf Hebräisch ›Perusch‹. Fünftens finde ich Reden, Disputationen und Predigtbücher, genannt ›Midrasch‹ oder ›Draschoth‹. Sechstens finde ich gelehrte Leute und Philosophen in allen Disziplinen, die üblicherweise ›Sepharim‹, das heißt ›Bücher‹, genannt werden gemäß den Namen des Verfassers und seiner Disziplin. Schließlich finde ich Poesie, Fabeln, Gedichte, Märchen, Spottliteratur und Exempelbücher, von denen jedes einen eigenen Namen besitzt, ganz wie der Verfasser des jeweiligen Werkes es wünschte. Diese Bücher werden von den meisten Juden selbst für erlogen und erdichtet gehalten. Es ist möglich, dass sich unter den zuletzt genannten Büchern manche, aber doch wenige befinden, die unseren lieben Herrn und Gott Jesus und dessen ehrwürdige Mutter, aber auch die Apostel und Heiligen mit einigen Spottworten, Verleumdungen oder Lästerungen belegen. Von diesen habe ich jedoch nicht mehr als zwei gelesen. Eines wird

genant Nizahon das ander Tolduth Jeschu / ha nozri / das auch von den iuden selbs für apocrypho gehalten wirt / alls Paulus Burgensis schreibt in secunda parte Scrutinij. c. vi. Wie wol ich vor zeitten ann kayser Friderichs des dritten vnßers aller gnedigsten herren vatters loͤblicher gedechtnus hofe von den iuden da selbst nach vil reden zwischen vnns gehaltten hab gehoͤrt / das solliche bůcher von inen abgethon vertillckt vnnd allen den iren verbotten sy / der gleichen nymmer mer zeschreiben oder zeredenn.

Nun aber zekommend vff die frag sag ich also / By welchem iuden wissentlich gefunden würdt ain sollich buch das mit aus getruckten wortenn schlechts vnnd stracks zu schmach schand vnd vneere vnßerm herrn gott Jesu / syner werdenn můtter / den hailigenn oder der cristenlichenn ordnung gemacht were / das moͤcht mann durch kaißerlichen beuelch nemmen vnnd verbrennen / vnd den selben iuden darumb straffen das er es nit selbs zerrissen verbrennt oder vndergetruckt hett / das bedunckt mich gegründt sein inn den rechten / des ersten da geschriben stat in. l. Lex cornelia. §. Si quis librum. ff. de iniur. nemlich alßo. Ob ainer ain bůch ainem anndern zů vneere schmach oder schannde hette geschriben gemacht oder aus geben oder durch argen list verschafft hette das deren ains geschehen were / vnd ob er gleich das in aines anndern namen lies auß gon oder on ainichen namen wie dann sollich ansprach gebürt für zenemmen. Hat der Senat gewalt durch peinlich [B ii^{V}] clag iudiciorum publicorum die selb sach straffen. Darnach kommet ain ander kaißerlich recht l. i. C. de famos. lib. das spricht also. So ainer ain schantliche schmochliche geschrifft es sy zů haus oder an der offen stras oder an welchen orten es welle / vnwissentlich findt der sol sie entweder zerreissen ee ain ander dar über kom / oder sol nyeman dar von sagen. Wan er

Nizzahon genannt, das andere *Toledot Jeschu ha nozri*. Letzteres wird auch von den Juden selbst für apokryph gehalten, wie Paul von Burgos im *Scrutinium scripturarum* schreibt. Allerdings habe ich einst am Hof Kaiser Friedrichs III., des Vaters unseres allergnädigsten Herrn, ruhmreichen Angedenkens, von den dort anwesenden Juden in vielen Gesprächen zwischen uns gehört, dass solche Bücher von ihnen beseitigt und vernichtet worden seien und den Ihren verboten sei, dergleichen jemals wieder zu schreiben oder zu sagen.

Um auf die Frage zu kommen, sage ich dazu Folgendes: Wenn bei einem Juden, der darüber Bescheid weiß, ein solches Buch gefunden würde, das ausdrücklich, schlechthin und unmittelbar zu Schmähung, Schande und Entehrung unseres Herrn Gott Jesus, seiner ehrwürdigen Mutter, der Heiligen oder der christlichen Ordnung verfasst wäre, sollte man es auf kaiserlichen Befehl beschlagnahmen und verbrennen und den Juden deswegen strafen, weil er es nicht selbst zerrissen, verbrannt oder vernichtet hat. Dies scheint mir in mehreren Gesetzen begründet zu sein, deren erstes geschrieben steht Dig. 47.10.5.9, wo es heißt: »Wenn jemand ein Buch zur Entehrung, Schmähung oder Schande eines anderen geschrieben, hergestellt oder herausgegeben oder arglistig veranlasst hätte, dass eines davon geschehen sei, auch wenn er es im Namen eines anderen oder ohne Namensnennung herausgeben ließe, sei wie folgt auf eine solche Klage zu reagieren: Der Rat hat die Gewalt, durch eine gegen Leib und Leben gerichtete, von öffentlichen Richtern erhobene Anklage diese Handlung zu bestrafen.« Hinzu kommt ein weiteres kaiserliches Gesetz, nämlich Cod. 9.36.1, wo es heißt: »Wenn einer eine ehrabschneidende, schmähende Schrift zuhause, auf der offenen Straße oder an einem anderen Ort findet, ohne vorher davon gewusst zu haben, soll er sie entweder zerreißen, bevor ein anderer darauf stößt, oder er soll niemandem etwas davon sagen. Wenn er

aber nit gleich von stund an sollich brieue oder bůͤcher zerrissen oder verbrent sunder sein inhaltung ainem andern geoffnet hat / so sol er wissen das er als ain selbsstiffter dißer übeltat mit pynlicher vrtail sol gestrafft werden. Doch ist das wol war ob ainer seiner aigen pflicht vnd gemaines nutz bewarung můͤst tragen so sol er sein angeben offentlich dar thůͤn / Vnd was er im hette gemaint durch ain schmechlich geschrifft zůͤ durchechten gebürn / das mag er mit mund vssprechen / also das er on all forcht her für trett vnnd sol das wissen / wa der glaub der warhait synen reden zůͤ statten kumbt / so wirdt er gros lob vnnd nit klainem lon von vnßer maiestat erlangen / wan er aber soͤlchs nit mag erweißen war sein / so wirt er sein haubt darumb verlieren / dannocht sol die selb geschrifft ains andern gůͤtten leümbden kains wegs verletzen.

Aus disen zwayen kaißerlichen satzungen vnnd rechten clarlich erscheint / das ain schmach bůͤch soll vnder getruckt / abgethon vnd verbrent / vnnd wer das nit tette hertigklich darumb gestrafft werden / vnnd nichtz destminder mag man im sollich schmachbůͤch nemmen vnd verbrennen / ob er es selbs nit verbrent oder zerrissen hette. Doch nit anders dan nach gnůͤgsamer verhoͤrung / vnd rechtmessiger ergangner vrtail / als das geschriben recht spricht nemlich also. Nit gleich von stund nach dem ainer inn gefengknus gefůͤert ist sol man im das syn nemmen / sunder nach dem vnnd die vrtail wider in gangen ist / das hat kaißer Adrianus selig schrifftlich gesetzt vnnd geordnet / l. ij. ff. de bo. damnat. So vil sei gesagt von den schmachbůͤchern die ich am letsten tail der iuden bůͤcher angezaigt hab / Dar inn nit anders gehandelt wirt dan wie mit ainem yeden cristen in der gleichen sach gehandelt soll werden / nach dem bayd secten on mittel gelider des hailigen reichs vnnd des kaißerthumß burger synd / wir cristen durch vnser churfürs-

aber nicht umgehend solche Briefe oder Bücher zerrissen oder verbrannt, sondern deren Inhalt einem anderen mitgeteilt hat, so möge er wissen, dass er als Urheber dieser Übeltat an Leib und Leben bestraft werden wird. Doch es gilt ferner: Wenn jemand dies getan hat zum Selbstschutz oder zur Bewahrung des Gemeinwohls, so soll er seine Anzeige öffentlich darlegen. Und was er mit seiner Schmähschrift gerichtlich verfolgen zu lassen beabsichtigt hatte, das mag er mündlich aussagen. So kann er ohne jede Furcht vortreten und soll wissen, dass, wenn seine Ausführungen als wahr anerkannt werden, er großes Lob und keine kleine Belohnung durch den Kaiser erhalten wird. Wenn sich jedoch seine Ausführungen nicht als wahr herausstellen, wird er seinen Kopf deshalb verlieren. Nichtsdestotrotz soll eine solche Schrift den guten Leumund eines anderen nicht verletzen.«

Aus diesen beiden kaiserlichen Gesetzen und Rechten geht deutlich hervor, dass eine Schmähschrift unterdrückt, beseitigt und verbrannt werden soll. Und wer das nicht täte, solle dafür hart bestraft werden. Außerdem solle man ihm solche Schmähschriften wegnehmen und sie verbrennen, wenn er sie selbst nicht verbrannt oder zerrissen hat. Doch dies soll nur nach einem gründlichen Verhör und rechtmäßig ergangenen Urteil geschehen, wie der Rechtstext sagt: »Nicht sofort, nachdem jemand ins Gefängnis gebracht worden ist, soll man ihm sein Eigentum nehmen, sondern erst später und nachdem ein Urteil gegen ihn ergangen ist.« Das hat Kaiser Hadrian selig schriftlich als Gesetz formuliert und angeordnet, siehe Dig. 48.20.2. So viel sei über die Schmähschriften gesagt, die ich oben in der letzten Rubrik der jüdischen Bücher genannt habe. Diesbezüglich wird nicht anders verfahren, als mit jedem Christen in der gleichen Angelegenheit verfahren werden soll, weil beide Religionen unmittelbar Glieder des Heiligen Römischen Reichs und Bürger des Kaisertums sind, wir Christen durch die Wahl

ten wal vnd kur / vnd die iuden durch ir verwilligung vnnd offen bekanntnus / als sy gesprochen hond / Wir haben kainen künig dan den kaißer. Johan. [B iii^{r}] xix. hierumb so bindent kaißerliche recht cristen vnd iuden ieglichs nach seiner gestalt.

Fürter so sollen in disem ratschlag nach beschaid K. M. commission die Essrim varba das ist die xxiiij. bůcher der bibel vß genommen sein / vnnd gar billich / dann die sol man vff al seiten beleiben lassen / vnnd in grossen eren halten vnnd haben / fa. s. Hierony. in prologo biblie ibi. discamus in terris. Et ij. ad Timotheum iij. Omnis scriptura / Dann vnser cristenlicher glaub hat die selben bůcher geregelt / an genommen / xv. distinctio. c. sancta romana ecclesia / alls zeugknus der warhait gegründt in ewigkait / als magister sententiarum inn syner vorred schreibt. Darumb will ich für aus von den andern sagen vnnd nemlich von dem Thalmud / das ist ain samlung der lere aller gebott gottes wie oben gelaut hat in dem andern glid der austailung. Vnd ist gemacht worden nach Cristus geburt als ettlich schreiben by den iiij. hundert iaren / aber ich hon inn den hebraischen bůchern gelesen das der Thalmud sei vß vil maistern colligiert vnnd zů samen geleßen. Vnnd durch rab Asse inn ain lectur oder bůch gebracht vnnd gemacht / als by uns das decret oder das bůch Sententiarum / oder catena aurea / vnnd das sy geschehen xliiij. iar nach Hircanus. Nun ist Hircanus der letst des küngs Herodes schweher gewesen / vnder dem Cristus geborn ward / vnd sind doch auch ander Hircani gewesen / da her mag villeicht inn der zal geirt werden. Dan es schreibt der wolgeborn vnd hochgelert her graff Johann Picus von Mirandel in apologia / Das der Thalmud anderhalb hundert iar nach Cristus geburt sy gemacht worden / doch synd zwaierlai Thalmud / der ain haist Jerosolimitanus / der ander Babyloni-

und Kur unserer Kurfürsten und die Juden durch ihre Einwilligung und ihr öffentliches Bekenntnis, welches sie abgelegt haben durch ihre Aussage: »Wir haben keinen König als den Kaiser«, Joh 19,15. Aus diesem Grund verpflichtet das kaiserliche Recht Christen und Juden jeweils in ihrer Weise.

Ferner sollen in diesem Gutachten gemäß dem Auftrag Seiner Kaiserlichen Majestät die Essrim varba, d. h. die 24 Bücher der Bibel, nicht behandelt werden, was richtig ist, denn diese soll man allen belassen und in hohen Ehren halten und bewahren nach Hieronymus im Prolog zur Bibel, wo es heißt »lernen wir auf Erden« und 2 Tim 3,16. Denn unsere christliche Religion hat dieselben Bücher für kanonisch erklärt und angenommen nach D. 1.15.3 als Zeugnis der in Ewigkeit gegründeten Wahrheit, wie Petrus Lombardus in seiner Vorrede schreibt. Darum will ich im Folgenden von den anderen Büchern sprechen und insbesondere vom Talmud. Dabei handelt es sich um eine Sammlung der Lehren zu allen Geboten Gottes, wie oben in der zweiten Rubrik der Aufzählung gesagt wurde. Der Talmud ist, wie einige schreiben, 400 Jahre nach Christi Geburt verfasst worden, doch ich habe in den hebräischen Büchern gelesen, dass der Talmud aus den Schriften vieler Meister zusammengetragen und gesammelt worden ist. Und er wurde von Rabbi Asse in eine lesbare Form gebracht oder zu einem Buch gemacht, so wie bei uns das *Decretum* oder das *Buch der Sentenzen* oder die *Catena aurea*. Geschehen sei dies 44 Jahre nach Hyrkanos. Nun war der letzte Hyrkanos der Schwiegervater des König Herodes, unter dem Christus geboren wurde. Es gab auch andere Männer namens Hyrkanos, weswegen man sich vielleicht in der Zahl der Jahre geirrt hat. Denn der wohlgeborene und hochgelehrte Herr Graf Giovanni Pico della Mirandola schreibt in seiner *Apologia*, dass der Talmud 150 Jahre nach Christi Geburt erstellt worden sei. Doch es gibt zwei Fassungen des Talmuds, die eine nennt man ›Jerusalemer‹, die andere

us / Wie dem allem so ist der Thalmud on all ynred gar vil mer dan tausent iar gewesen / vnd ist in vier tail getailt wie wir auch alle vnsere lernung in vier facultates superiores getailt haben / Theologiam / Leges / Canones vnd Medicinam. Das ain tail ist von den hailigen dingen / festen vnnd cerimonien / Das annder tail ist von den kreütern vnd samen. Das drit tail ist von der ee vnd den weibern. Das vierdt tail von den gerichten vnd rechten / wie wol Petrus nigri sechs tail dar vß macht inn seinem bůͤch das er nennet sternen des Messias das selb ist zůͤ latin vnnd zůͤ teutsch getruckt. Nun mag wol sein nach dem die maister der iuden gesehen haben [B iii^v] das inen die cristen nach vnnßers herrn todt haben woͤllenn nach dem zaum greiffen vnnd die haiden ann sich hencken / alls dann geschriben stat Actuum xiij. das dan zůͤ mal die maister zůͤ samen geton haben / da mit die alten lerer vnnd doctores nit vergiengen / vnd sy den haiden vnnd bekerten iuden desterbas inn den disputaciones und zanckreden moͤchten entgegen kommen / So haben sie die opiniones vnnd mainungen der alten vnnd irer verrümptesten vnd gelertesten maister zůͤ samen gebracht inn ain bůͤch / vnnd da mit sollich großmüe vnnd arbait so sie vnnd ire eltern mit dichten vnd schreiben dar inn gehabt hetten nit verloren würd / daruff den iren auch beuolhen sollich bůͤch in hohen eeren zehaben / ab dem gott selbs solte ain gros gefallen nemmen / vnd das ist wol vnd natürlich zůͤ glauben / was sie haben moͤgen erdencken das sollich lere von iren nachkommen nit verachtet würde / das haben sie angeben / für gebracht / geschriben vnd geredt. Vnnd das alles darumb das sie sich moͤchten der haiden vnd getaufften iuden desterbas erwern vnd entschütten.

Vnd wie wol ich vß vnlydelichen mangel desselben Thalmuds den ich bis her gern het woͤllen zwifach bezalen / das er

›Babylonischen Talmud‹. Wie dem auch immer sei, der Talmud bestand ohne jeden Widerspruch viel länger als 1000 Jahre. Und er ist in vier Teile untergliedert, wie wir auch unseren Unterricht in den Wissenschaften in vier höhere Fakultäten unterteilt haben, nämlich Theologie, weltliches Recht, kanonisches Recht und Medizin. Der erste Teil handelt von den heiligen Dingen, Festen und Zeremonien, der zweite von den Pflanzen und Samen, der dritte von der Ehe und den Frauen, der vierte von der Gerichtsbarkeit und den Gesetzen, wenngleich Petrus Nigri sechs Teile daraus macht in seinem Buch, das er *Stern des Meschiah* nennt und das auf Lateinisch und Deutsch gedruckt worden ist. Nun kann es gut sein, dass sich, nachdem die Meister der Juden gesehen hatten, dass die Christen ihnen nach dem Tod unseres Herren in die Zügel greifen und die Heiden zu ihren Anhängern machen wollten, wie geschrieben steht in Apg 13,44–52, damals die Gelehrten zusammentaten, damit die alten Lehrer und Doktoren nicht untergingen und sie den Heiden und dem zum Christentum bekehrten Juden umso besser in Disputationen und Streitgesprächen entgegentreten könnten. Also haben sie die Ansichten und Meinungen der Alten und ihrer berühmtesten und gelehrtesten Meister in einem Buch zusammengestellt. Damit solch große Mühe und Anstrengung, die sie und ihre Vorfahren bei der Ausarbeitung und Niederschrift hatten, nicht verloren ginge, haben sie den Ihren befohlen, dieses Buch, an dem Gott selbst einen großen Gefallen haben sollte, in hohen Ehren zu halten. Und es ist gut und natürlich zu glauben, dass sie das, was sie ersinnen konnten, damit eine solche Lehre von ihren Nachkommen nicht verachtet würde, angeführt, vorgebracht, geschrieben und gesagt haben. Und zwar deshalb, damit sie sich der Heiden und getauften Juden umso besser erwehren und entledigen könnten.

Und obwohl ich in bedauerlicher Ermangelung des Talmuds, für den ich gerne den doppelten Preis gezahlt hätte, um ihn le-

mir zuͤ lesen worden were / ich hab es aber nie moͤgen zewegen bringen / des halb kain verstentnus des thalmuds hab / dan allein vß vnßern buͤchlen die wider sie geschrieben synd / ye doch mag ich wol glauben das die iuden darin vndergemüßt vnd gemengt haben vil vnd mancherlei wort vnd reden wider vnsern lieben herrn Jesum / syne freunde vnd anhenger / wie sie das im auch inn leben vnder augen geredt haben / er sei doch nur ains zimmermans vnd ainer armen frawen sune / vnd sie kennen in wol / vnd er hab den deufel by im / vnd er sy kain iud / sunder ain samaritan vnd ain verfürer des volcks / vnnd schend vnnd lester gott / vnd woͤllt sich gern für ainen künig vffwerffen / vnd dem roͤmschen reich land vnd leüt empfüren / Des sie dan mit im gerechtet vnd vor kaißerlichem richter ain vrtail wider in behaltten haben darumb er hab sollen sterben. Sollich vnd der gleichen mainungen moͤcht man villeicht im Thalmud finden an denen ortten da es die materi begeben hett dar von zuͤ schreiben. Vnd nach dem auch in den selben büchern vill narrenwercks disputatiue in parabolis oder in gleichnus vnd exempels wyße gefunden moͤcht werden / des sich in gestalt der argumenten ain doctor in reden wider den andern tuͤt [B iiiir] behelffen / will ich auch glauben das es uns so wir das hoͤrten sagen oder lesen / gar fremb vnd seltzsam moͤcht nemmen / Das kan ich aber nit aigentlich anzaigen / dan ich hab mangel halb der buͤcher den Thalmud nit gelernt / so wais ich kainen cristen menschen inn allen teutschen landen der im Thalmud gelernt hab. So ist by mynen lebtagen dhain iud in teutschen landen nie getaufft worden der den Tahlmud hab kinden weder verston noch gar lesen / Vß genommen der hochmaister zuͤ Vlm der gleich darnach bald wider ain iud in der Türckei worden ist als sie sagen / Dan wie wol der Thalmudt mit hebraischen buͤchstaben so ist er doch nit in luterer

sen zu können, was mir aber nicht gelungen ist, über keine eigene Kenntnis des Talmuds verfüge außer aus jenen christlichen Traktaten, die gegen die Juden geschrieben wurden, so glaube ich doch, dass die Juden darunter viele und mancherlei Worte und Ausführungen gegen unseren lieben Herrn Jesus, seine Freunde und Anhänger gemischt und gemengt haben. So haben sie ihm auch zu seinen Lebzeiten ins Gesicht gesagt, er sei doch nur der Sohn eines Zimmermanns und einer armen Frau [Mt 13,55], sie kennten ihn wohl, er sei vom Teufel besessen [Joh 6,42] und kein Jude, sondern ein Samariter und ein Verführer des Volkes [Joh 8,48], er entehre und lästere Gott [Mt 26,65], wolle sich gern zu einem König aufschwingen und dem Römischen Reich Land und Leute abtrünnig machen [Lk 23,2]. Aufgrund dieser Vorwürfe haben sie ihm den Prozess gemacht und vor dem kaiserlichen Richter ein Urteil gegen ihn erlangt, nämlich, dass er sterben solle. Solche und dergleichen Meinungen kann man vielleicht im Talmud an den Stellen finden, an denen es thematisch nahegelegen hat, darüber zu schreiben. Weil auch in diesen Büchern viele Torheiten um der Diskussion willen, redensartlich, in Gleichnissen oder als Beispiel vorgebracht werden, derer sich ein Gelehrter als Argument in seinen Ausführungen gegen einen anderen behilft, will ich auch glauben, dass sich derartige Aussagen für uns, wenn wir das sagen hörten oder vorgelesen bekämen, fremd und seltsam ausnähmen. Das kann ich aber nicht wirklich zur Anzeige bringen, da ich mangels der Bücher den Talmud nicht kenne. Ich kenne keinen Christen in ganz Deutschland, der den Talmud studiert hat. Zu meinen Lebzeiten ist in Deutschland kein Jude getauft worden, der den Talmud hätte verstehen oder auch nur lesen können, mit Ausnahme des Oberrabbiners von Ulm, der, wie man sagt, kurz danach in der Türkei wieder zum Juden geworden ist. Denn obwohl der Talmud in hebräischen Buchstaben geschrieben ist, so ist er doch nicht in reiner hebraischer sprach geschriben wie die bibel / Sunder hat er vil vermischung anderer sprachen von orient / Nemlich babilonier/ persier / arabischer / griechescher vnd anderer zungen / so sind auch vil abbreuiaturen dar inn / des halb es vil muͤe kost vnd arbait haben wil / darumb nit vill iuden den Thalmud verston künden / ich geschweig der cristen.

Disem allem nach vff die fürgehalten frag sag ich das der Thalmud nit zů verbrennen ist noch ab zethon / vß vrsachen hie oben erzelet / vnnd die hernach volgent / Zům ersten / dan kund vnnd wissend ist das menschlich vernunfft nit mag daruor sein / es muͤssen aberglauben vnd irrtumb sein / als das schreibt der hailig Paulus in der ersten epistel zů den Corinthiern am xi. capitel / vnd geschicht durch gottes verhengknus / darumb das die recht glaubigen vnd probierten moͤgen her für komen / wie der genant apostel an dem yetzt gemeltten ort clerlich dar von redt / vnd werden sollich menschen gehaissen aberglaubig / die do die hailig schrifft vnrecht vß legen / vnd daruff můttwilligklich beharren / anders dan der syne des hailigen gaistes das erhaist / xxiiij. q. iij. c. inter heresim et. c. heresis. Vnd wie wol recht zů reden die iuden nit seien heretici / dan sy sind nit ab dem cristen glauben gefallen / die nie darinn gewesen synd. Darumb sie auch nit moͤgen noch sollen ketzer noch ir hendel ketzerei genent werden / cle. j. de usur. et in glo. in ver. hereticum. Ye doch so werden sy alhie in denen worten des apostels eingeschlossen / dann er redt von denen die vnains im glauben sind / als auch wir vnd die iuden vnains im glauben sind / Darumb ist es vns nütz vnd gůt das der Thalmud sei vnd beleib / vnd ye vngeschickter der Thalmud ist / ye mer er vnns cristen geschickt macht wider in zereden vnnd zeschreibenn. [B iiii^{v}]

Vnd woͤllen wir selbs so ist er vns ain gůtte artznei wider die tragkait vnnd fülhait deren die in der hailigen schrifft studieren sollen / als die gaistlichen xxiiij. q. iij. ca. fi. Die selben sollen

hebräischer Sprache abgefasst wie die Bibel, sondern in einem Gemisch mit vielen anderen orientalischen Sprachen, nämlich den Zungen der Babylonier, Perser, Araber, Griechen und anderer Völker. Zudem weist er zahlreiche Abkürzungen auf, weshalb seine Lektüre viel Mühe kostet und Anstrengung erfordert. Aus diesem Grund können nicht viele Juden den Talmud verstehen, von den Christen ganz zu schweigen.

Demzufolge sage ich zu der vorgelegten Frage, dass der Talmud weder zu verbrennen noch zu vernichten sei aus den oben dargelegten Gründen sowie den folgenden: Erstens ist allgemein bekannt, dass die menschliche Vernunft kein Hindernis dafür darstelle, dass Aberglaube und Irrtum existierten, wie der Heilige Paulus in 1 Kor 11,19 schreibt. Dies geschieht durch Gottes Anordnung, damit die Rechtgläubigen und Erprobten offenbar werden, wie der besagte Apostel am genannten Ort klar darlegt. Man nennt solche Menschen abergläubisch, die die Heilige Schrift entgegen dem Sinn, den der Heilige Geist fordert, falsch auslegen und darauf mutwillig beharren, siehe D. 11.24.3.26 und D. 11.24.3.27. Und weil die Juden im eigentlichen Sinn keine Häretiker sind, denn diejenigen sind nicht vom christlichen Glauben abgefallen, die ihm nie angehangen haben, deshalb kann und soll man sie auch nicht Ketzer oder ihr Tun Ketzerei nennen, siehe Clem. 5.5.1 sowie die zugehörige Glosse über das Wort ›häretisch‹. Gleichwohl sind sie hier in den Worten des Apostels mitgemeint, denn er spricht von denjenigen, die uneinig im Glauben sind, wie auch wir und die Juden uneinig im Glauben sind. Deshalb ist es für uns nützlich und gut, dass der Talmud existiert und erhalten bleibt. Je ungeschickter der Talmud verfasst ist, desto geschickter macht er uns Christen darin, gegen ihn zu reden und zu schreiben.

Und wenn wir wollen, ist er uns eine gute Arznei gegen die Trägheit und Faulheit derer, die, wie die Geistlichen, die Heilige Schrift studieren sollen, siehe D. 11.24.3.40. Diese sollen sich

sich dar zů richten das sie mechtig vnd gewaltig seien ander leüt zů vermanen inn rechter lere / vnd mit den widersprechern zů arguiren / als Paulus schreibt zů Tito / wie dan Aristoteles in elenchis sagt / das ain wyß man sol zwů aigenschafft an im haben / nemlich / Das er nit lieg / vnd das er die erlogenn ding künd widerfechten / Nit / das ainer wölle zürnen vnnd die bůcher verbrennen / Wan er nit so vil gelernet hat das er sie mit vernunfft vnnd mit predigen oder disputieren künd straffen. Es haissent sunst bachanten argument so ainer alls vngelert ist das er will mit der feüst darin schlahen / wan er nichtz mer da zů reden kan / Es stat geschriben in dem psalter psal. cxl. Jst ainer gerecht so straff er mich vnd vnderweis mich in der barmhertzigkait. Wie kan aber ainer ettwas widerfechten oder widersprechen das er nit verstat / als sanct Hierony. schreibt wider Jouinianum. Nun můß er doch zům minsten des Thalmuds sprach verston will er sagen das er falsch sy / oder das er vns cristen zů schmach sei vff gericht / Dann wer die crafft der wörter vnd sprach nit kan / der irrt liederlich spricht Aristoteles in dem obgedachten bůch / vnnd Augustinus de vera religione sagt also / Die rede der hailigen schrifft ist zů verston nach aines ieden gezungs aigenschafft / Dan ain yegliche sprach hat besunder aigen manier vnnd wyß zů reden / Wan nun die selb inn andere sprachen gekeret vnnd getolmetst wirt / bedunckt ainen iegklichen es wöll sich nit reimen vnnd laut nit / Also stat es in den gaistlichen rechten geschriben distin. xxxviij. ca. locutio. Daruß zů nemmen ist / die weil der Thalmud so vilerlai aigenschafft der sprachen wie ob anzaigt ist inn im helt / das nit ain yegklicher iud der gleich recht wol hebraisch kann dannocht den Thalmud dehains wegs verstat /

so ausbilden, dass sie Vermögen und Befähigung besitzen, andere Menschen in der rechten Lehre zu ermahnen und diejenigen, die widersprechen, mit Argumenten zu widerlegen, wie Paulus an Titus schreibt [Tit 1,9]. In diesem Sinne sagt Aristoteles in den *Sophistischen Widerlegungen*, dass ein Weiser zwei Eigenschaften besitzen soll, nämlich nicht zu lügen und Erlogenes widerlegen zu können. Dort steht also nicht, man solle zürnen und die Bücher verbrennen, wenn man nicht so gelehrt sei, dass man sie mit der Vernunft, mit Predigen oder Disputieren zurechtweisen könne. Man nennt es Bachanten-Argument, wenn einer so ungelehrt ist, dass er mit der Faust dreinschlagen will, wenn er zu einem Thema nichts mehr zu sagen weiß. Im Psalter, Psalm 140 [Ps 141,5] steht geschrieben: »Ist einer gerecht, so tadele er mich und unterweise mich in der Barmherzigkeit.« Wie kann jemand aber etwas widerlegen oder ihm widersprechen, das er nicht versteht, wie Sankt Hieronymus gegen Jovinian schreibt. Zumindest muss er die Sprache des Talmuds verstehen, wenn er sagen will, dass er falsch sei oder dass er uns Christen zur Schande erstellt sei. Denn wer die wörtliche Bedeutung der Wörter und der Sprache nicht beherrscht, der irrt sich leichtfertig, spricht Aristoteles in dem oben genannten Buch. Und ebenso erklärt Augustinus in *De vera religione*: »Der Wortlaut der Heiligen Schrift ist zu verstehen gemäß der Eigenart der jeweiligen Sprache. Denn eine jede Sprache hat ihre eigene Art und Weise, sich auszudrücken. Wenn nun eine Ausdrucksweise wörtlich in eine andere übersetzt und übertragen wird, gewinnt jeder den Eindruck, es habe keinen Zusammenhang und klinge falsch.« So steht es auch im kanonischen Recht geschrieben, D. 1.38.14. Dem ist zu entnehmen, dass der Talmud, weil er so vielerlei Eigenschaften verschiedener Sprachen aufweist, wie oben dargelegt wurde, nicht von jedem Juden, selbst wenn dieser über gute Hebräischkenntnisse verfügt, verstanden wird. Welchen Grund soll-

was grunds solt es nun haben wan die cristen wolten den Thalmud verwerffen / den sie noch nit verstuͤnden.

Jch gib hier in ain klain exempel. Kurtzlich ist ain buͤchlin getruckt wider die iuden vnnd darinn angezaigt ain gebet in iren bettbuͤchlin verlypt als sie das soltenn betten sunderlich wider vnns cristen / hebt also ann. ולמשמדים. das selbig wirt gar hoch vnd schwer wider sie angezogen / als ob sie die hailigen aposteln vnd ire nachvolger [C i^{r}] die den tauff empfangen haben / vnd die gemain cristenlich kirchen vnd das roͤmischreich aus beßem vergifftem willen verfluͤchten / dar durch man die iuden by den vngelerten vnd der sprach vnwissend leichtlich inn ainen sollichen haß moͤcht bringen das sie vmb leib vnd leben kemen. So man es aber am liecht besicht / so findt man kain wort darin das weder die taufften noch aposteln noch cristen / noch das roͤmisch reich bedeüt oder haißt. Dan als weit die iüdisch sprach gat oder geschriben ist / findt man sunst an kainem ort / das משמד weder crisam noch tauff sy / Sunder sein bedeütnus ist vff vertilcken gesetzt / als da stet Prouerbiorum xiiij. das haus der boßhafftigen wirt verdilckt. vnnd Ezechielis xiiij. Jch will inen verdilcken von mitten meines volcks israel / vnd des gleichen allenthalb alßo ist inn disem gebet das wort משמדים verbum oder participium actiuum presentis temporis / vnd haist die verdilcker oder die sie verdilcken / als woͤlten sie sprechen. Wer vns vertilcken woͤlte dem sol nit werden ainich hoffnung synes für nemmens. Wie kann aber das bedeütten die cristenn / so doch kain volck vff erdenn ist das sie mit groͤssern fryhaitten handthabt vnd vnderschleufft dan die cristen / als man inn gaistlichen vnd weltlichen rechten erfindt / vnd sie durch ir verwilligung kainen andern herrn haben dan den cristenlichen kaißer / ist nit zuͤ gedencken das sollich ge-

te es nun für die Christen geben, den Talmud zu verwerfen, den sie gar nicht verstehen.

Ich gebe dafür ein kleines Beispiel: Kürzlich ist ein Büchlein gegen die Juden im Druck erschienen. Darin wird ein Gebet zur Anzeige gebracht, das sie ihren Gebetbüchern einverleibt hätten, um es insbesondere gegen uns Christen zu beten. Es beginnt mit den hebräischen Worten *we-lameshumadim* (›Und den Vertilgern‹). Dieses Gebet wird sehr nachdrücklich gegen sie angeführt, als ob sie die heiligen Apostel und ihre Nachfolger, die die Taufe empfangen haben, und die gesamte christliche Kirche und das Römische Reich aus bösem, vergiftetem Willen verfluchten. Dadurch kann man die Juden bei den Ungelehrten und denjenigen, die der Sprache unkundig sind, leicht so verhasst machen, dass sie Leib und Leben verlieren könnten. Wenn man es aber bei Licht besieht, findet man in dem Gebet kein Wort, das ›die Getauften‹, ›Apostel‹, ›Christen‹ oder ›Römisches Reich‹ bedeutet oder meint. Denn so weit wie die jüdische Sprache reicht oder geschrieben wird, findet man sonst an keiner Stelle, dass das hebräische Wort *meshumad* ›Chrisam‹ oder ›Taufe‹ bedeute. Vielmehr bedeutet es ›vertilgen‹, wie in Spr 14,11, wenn es dort heißt: »Das Haus der Frevler wird vertilgt«, und in Ez 14,8: »Ich will ihn vertilgen aus der Mitte meines Volkes Israel«. Und in derselben Weise ist in diesem Gebet das Wort *meshumadim* [›Vertilger‹] also als Tätigkeitswort oder Partizip Präsens Aktiv und meint ›die Vertilger‹ oder ›die sie vertilgen‹, als wollten sie sagen: Wer uns vertilgen wollte, der soll nicht darauf hoffen, sein Vorhaben auszuführen. Wie können damit aber die Christen gemeint sein, da doch kein Volk auf Erden ihnen [den Juden] größere Freiheiten und Unterschlupf gewährt als die Christen, wie man in geistlichem und weltlichem Recht sehen kann. Und weil sie durch ihr Einverständnis keinen anderen Herrn als den christlichen Kaiser haben, ist nicht anzunehmen, dass ein sol-

bett sy vmb der cristen willen erdacht / dan sie betten es also weit als die welt gat wa sy wonen / es sei vnder den türcken / soldan / haiden / dattern oder vnder vnns. Sie wissen auch wol ob kain cristen mensch were / das sy dannocht vngluckhafftig wern / wan sy sind von den haiden verhaßter vnd ubeler gehaltten dann von vns. Zum andern so haißt מינים alle die so kainen rechten glauben habent / wie kunden wir sagen das wir die seien oder das nit ander seien. Zum dritten so haißt אויב die find das aber nach syner aigenschafft nit mag vns bedeuten. Dan ich hab hie oben warhafftigklich angezaigt / das wir vnd sie ains ainigen roͤmischen reichs mitburger synd / vnd in ainem burgerrecht vnd burckfriden sitzen. wie künden wir dan fiendt sein. des hon wir inn vnßern rechten ain gůtte glos in. c. Sicut iudei. super ver. cimiterium extra. de iude. Zum vierden so haißt מלכות זדון gewalt des hochmůts vnd haißt מלכות von im selbst nit das reich / es werde dan ainem küngreich zů gesetzt. das [kan] man aus der hailigen geschrifft clarlich mercken [C iv] Josue xij. da kamen vff ainen tag xxxi. künig in ain feld zů streitten wider Josue vnd wurden all über wunden ains tags / das synd nit künig gewesen der küngreich / sunder hat iegklicher ain oberkait vnd gewalt gehabt über ain rott im zů gehoͤrig. So singen vnd lesen wir des gleichen alle tag in vnsern kirchen / Psal. cxviij. Es sollent geschent werden die hochmůtigen. Wan nun kain wort in disem gebet stat das weder taufften noch aposteln noch cristen noch das roͤmisch reich vß syner aigenschafft der sprach bedeüt / warumb laßt man ain solliche schwere schmach red offenlich trucken. Vnd ob man woͤlt sagen die iuden hetten es also im sinn / vnd mainten vns in irer

ches Gebet um der Christen willen erdacht worden sei. Denn sie beten es überall auf der Welt, wo immer sie wohnen, gleich ob unter den Türken, dem Sultan, den Heiden, den Tataren oder unter uns. Sie wissen auch sehr wohl, dass sie auch dann im Unglück lebten, wenn es keine Christen gäbe, denn sie werden von den Heiden stärker gehasst und schlechter gelitten als von uns. Außerdem bedeutet das hebräische Wort *minim* [›Häretiker‹] ›alle, die nicht rechten Glaubens sind‹. Wie könnten wir sagen, dass wir und niemand anderer damit gemeint seien. Drittens bedeutet das hebräische Wort *ojev* ›die Feinde‹, kann aber seiner Wortbedeutung nach nicht uns meinen. Denn ich habe oben wahrheitsgemäß dargelegt, dass wir und die Juden Mitbürger des einen Heiligen Römischen Reiches sind und ein Bürgerrecht besitzen und in einem Burgfrieden leben. Wie könnten wir unter diesen Umständen Feinde sein? Diesbezüglich besitzen wir in unseren Rechten eine gute Glosse zu X 5.6.9 zum Wort ›Friedhof‹. Viertens bedeutet der hebräische Ausdruck *malkut zadon* ›Gewalt des Hochmuts‹, und *malkut* [›Herrschaft‹] meint seiner Wortbedeutung nach nicht ›das Reich‹, es sei denn, das Wort wird zusammen mit ›Königreich‹ verwendet. Das kann man aus der Heiligen Schrift deutlich erkennen. In Jos 12,1–24 wird berichtet: Da zogen an einem Tag 31 Könige ins Feld, um gegen Josua zu kämpfen. Und sie wurden alle an einem Tage überwunden. Diese ›Könige‹ besaßen keine Königreiche, sondern hatten die Herrschaft und Gewalt über einen ihnen zugehörigen Heerhaufen. Desgleichen lesen und singen wir jeden Tag in unseren Kirchen Psalm 118 [Ps 119,21]: »Es sollen zuschanden werden die Hochmütigen.« Wenn nun in diesem Gebet kein Wort steht, das im wörtlichen Sinne ›die Getauften‹, ›Apostel‹, ›Christen‹ oder ›Römisches Reich‹ bedeutet, wieso lässt man eine solche schwere Verleumdung öffentlich drucken? Und wenn man behaupten will, die Juden hätten jene Bedeutung im Sinn und meinten uns im

gedechtnus / das kan nieman wissen dan der schoͤpffer aller hertzen was ainer im sinn hab / darumb ist nieman des halb zuͤ schelttenn noch zuͤ straffen. l. cogitationis. ff. de pen. Vnd ob es ainer von im selber sagte darumb were der annder nit straffbar. l. repeti. §. i. ff. de questio. Jch geschweig ietzund anderer woͤrter in dem selben buͤchlin die villeicht vß vnuerstentnus nit recht geteutst sind / als so sy woͤlten ainen cristen zuͤ haus oder vff der gassen empfahen vnd sagten / Seit wilkum / sagt der buchtichter sie sprechent / Sed wilkum / alls solt es bedeütten deüfel wilkum / das kann nach rechter grammatica der hebraischen sprach nit sein / dan שד so es ainen teüfel haißt / hat es ainen puncten vff der rechten seitten des buchstaben. S. darumb wirt es für sch gelesen / sched. Das kan ain iegklicher bawer mercken wann sie sprechen Sched wilkum / das es nit sei alls seit wilkum / dan sched ist dem seit gantz nit gleich / darumb sind es entten teding / des gleichen ander kindß werck diennt nit zuͤ disem ratschlag. Also mag ain ieder verstendiger wol kennen vnd mercken / das niemant den Thalmud mit recht verwerffen kan / der in nit verstat / als das hailig gaistlich recht sagt xxxvij. distin. in canone Qui de mensa. Ob ainer woͤlt wider die mathematicos schreiben / vnd were der mathesis oder mathematigk vnerfarn / der würd der leüt spot. Des gleichen welcher wider die philosophos disputiert vnd kann nit der philosophy kunst vnd lere / das ist der text des gaistlichen rechten.

Dar wider moͤcht aber ainer sagen mir ist nit not das ich den thalmud verstand / die weil man so vil büchlen wider die iuden truckt / darin ich liß das der Thalmud ain boͤs ding ist / vnd magister Raimundus in pugione. 3. par. dis. iij. c. xx. von dem

Geist, so kann niemand wissen außer dem Schöpfer aller Herzen, was jemand im Sinn hat. Aus diesem Grund ist niemand deshalb zu beschimpfen oder zu bestrafen, siehe Dig. 48.19.18. Und wenn jemand solches von sich selbst sagte, so wäre doch ein anderer deswegen nicht zu bestrafen, siehe Dig. 48.18.16.1. Ich übergehe an dieser Stelle andere Worte in jenem Büchlein, die vielleicht aus mangelndem Verständnis nicht richtig ins Deutsche übertragen wurden. So sagt der Verfasser dieses erdichteten Buches, dass die Juden, wenn sie einen Christen zuhause oder auf der Straße empfingen und sagten »Seid willkommen«, tatsächlich sprächen »Sed willkommen«, was bedeuten soll: »Teufel willkommen«. Das kann aber nach der richtigen Grammatik der hebräischen Sprache nicht der Fall sein, denn das hebräische Wort *shed* hat, wenn es einen Teufel meint, einen Punkt auf der rechten Seite des Buchstabens ›s‹ [שׁ]; daher wird es ›sch‹ gelesen, also ›sched‹. Ein jeder Bauer kann erkennen, dass es, wenn sie sagen »Sched willkommen«, etwas anderes bedeutet als »Seid willkommen«, denn ›sched‹ ist nicht identisch mit ›seid‹. Daher handelt es sich hierbei um leeres Geschwätz. Weitere Kindereien dergleichen sind nicht Gegenstand dieses Gutachtens. Also mag jeder Verständige sehr wohl erkennen und wissen, dass niemand den Talmud zu Recht verwerfen kann, der ihn nicht versteht, wie das heilige kanonische Recht sagt in D. 1.37.11: »Wenn einer gegen die Mathematiker schreiben wollte und kennte sich nicht in der Mathesis oder Mathematik aus, würde er von den Menschen verspottet. Dasselbe widerfährt demjenigen, der gegen die Philosophen disputiert und nicht die Kunst und Lehre der Philosophie beherrscht«, so lautet der Text im kanonischen Recht.

Dagegen mag aber jemand einwenden, es ist nicht notwendig, dass ich den Talmud verstehe, weil so viele Bücher gegen die Juden gedruckt werden, in denen ich lese, dass der Talmud eine böse Sache sei. Und Magister Raimundus Martini sagt im

Thalmud so schantliche ding [C ii^{r}] sagt das es erber leüt nit hoͤren moͤgen. Des gleichen Fortalicium fidei / vnnd Paulus Burgensis in additione capituli xxxiiij. Jsaie. et Zacharie quinto / vnnd bruder Petrus Nigri inn dem sternen des Messias / auch Johann Pfefferkorn der sollicitator dis hanndels schreibent das die lere des Thalmuds sei wůst vnnd vnrayn / mitt vill boͤßen schelttwortten. Dem moͤcht ainer zu anttwurtt geben. Es ist noch der selben nye kainer geweßen / der auch anzaigte des widertails grund glimpffs vnnd fuͤgs / nun ist ain gemayn sprichwort man soll den andern tail auch verhoͤrenn. Darumb inn den rechten gegründt ist / das ainer nyeman verwerffen oder vervrtailen soll er hab dan zuͤ vor an alle ding durch gründt vnd gnugsamlich erkündet / xxiij. q. vlt. occidit / et xv. q. vi. c. i. in fi. Vnnd ob gleich wol sollichs kayn tail ann in muͤttet oder begeret / so soll er dannocht selbs aus aigner bewegnus allen fleys an keren der parthei die man args gezigen hat / fuͤg vnnd unfuͤg zuͤ erlernen vnnd zuͤ erfarn. l. ij. C. de eden. et ibi glo. et Bart. Des halb so hindert mich nit was die gemeltten vnßers glaubens wider den Thalmud geschriben hond / deren ich ettlich gekennt hab / die den Thalmud nye gelernt haben / darumb soll mich ir schreiben vnnd red nit irren / sunder ich volg in disem stuck dem gaistlichen rechten das da spricht. Wir sein nit schuldig aines yegklichen disputation vnd mainung wie cristenlich der vnnd wie hoch gelobt vnndern leütten er ist an zehangen / alls were es die hailige schrifft oder gesetzte recht / in ca. Neque quorumlibet distinc. ix. Dann were der Thalmud zu verbrennen geweßen / er were verbrennt worden vor vil hundert iaren / da vnßere alltvordern mer willens zuͤ dem cristen glauben gehabt haben dan wir yetzt. Jch hon aber der selben nie kainen geleßen myns gedenckens die dar wider geschriben hond / das sie begert oder gewünst hetten das der Thalmudt

Pugio fidei, Teil III, Distinktion 3, Kapitel 20 vom Talmud so schändliche Dinge, dass es ehrbare Menschen nicht hören mögen. Desgleichen schreiben das *Fortalicium fidei*, Paulus Burgensis in seinen *Additiones* zu Jes 34 und Sach 5, Bruder Petrus Nigri im *Stern des Meschiah* sowie Johannes Pfefferkorn, der Anstifter dieser Angelegenheit, dass die Lehre des Talmuds schändlich und unrein sei und viele böse Schimpfworte enthalte. Darauf könnte man die Antwort geben: Es hat noch nie jemanden gegeben, der in anständiger und angemessener Weise den Grund des Gegners angeführt hätte. Nun gibt es ein alltägliches Sprichwort: Man soll auch die andere Seite anhören. Deshalb gilt der Rechtsgrundsatz, dass man niemanden verwerfen oder verurteilen soll, solange man nicht alle Aspekte gründlich und hinreichend geprüft habe, siehe D. II.23.8.14 und D. II.15.6.1. Und wenn keine Partei dies anregt oder verlangt, so soll er [der Richter] dennoch auf eigene Veranlassung allen Eifer daransetzen, Recht und Unrecht der beklagten Partei zu ermitteln und zu erfahren, siehe Cod. 2.1.2 mit der Glosse und Bartolus zu dieser Stelle. Deshalb fühle ich mich [in meiner Argumentation] nicht durch das eingeschränkt, was die genannten Autoren unseres Glaubens gegen den Talmud geschrieben haben. Unter ihnen sind mir einige bekannt, die den Talmud nie studiert haben. Daher soll mich ihr Schreiben und Reden nicht irremachen, vielmehr folge ich diesbezüglich dem kanonischen Recht, das sagt: »Wir sind nicht verpflichtet, eines jeden These und Meinung zu folgen, wie christlich und angesehen jemand auch ist, als wäre es die Heilige Schrift oder der Gesetzestext«, D. I.9.10. Denn hätte der Talmud verbrannt werden müssen, wäre er vor vielen hundert Jahren verbrannt worden, weil unsere Vorfahren mit viel größerer Bereitschaft dem christlichen Glauben folgten als wir heutigentags. Ich habe aber, soweit ich mich erinnern kann, unter jenen, die gegen den Talmud geschrieben haben, keinen gefunden, der verlangt

verbrennt wer geweßen / allain auß genommen die zwen obgemellt brůͤder Petrus Nigri prediger ordenns vnnd Johann Pfefferkorn der new getawfft / die by mynen tagen geweßen sind / vnd mit denen baiden ich geredt hab / Den selben nym ich es auch nit für übel vnnd billich / dann sie habent ain anfechtunng zůͤ gott / doch nit nach der wissennhait alls Paulus spricht ad Romanos. x. Aber die anndern vor vnns über hochgelertten vnnd der sprachen gar vil verstendiger wie wol sie [Ciiv] hart wider den Thalmud schreiben / noch dann so wůͤnsten sie nit das er verbrent vnd verdilckt were / inen geschicht wie ainem adelichen ieger dem gleich ich wol vndern grossen fürsten gesehen hab so er ainen stoltzen hirsch mit vil enden über ain weit feld iagen tůͤt / vnd waiß doch wol das er im nit kann entgon. So welt er vmb lusts willen nit / das er erstochen oder erschossen were / Er sicht in lieber iagen dan fahen. Also thon die gelertten vnd weisen leüt die ainen lust haben den Thalmud vnd syne anhenger mit vernünfftigen vnd künstlichen wortten zůͤ widertreiben / was lobs wolten sie erlangen / wie woltten sie erscheinen das sie bewert doctores vnd maister der cristenhait wern wann er verbrent vnnd ńymme wer. Nun kündt doch nieman hernach wissen ob ire argument vnd wider reden war oder nit war geweßen wern / dan das bůͤch dar wider sie arguirten vnd disputirten were nit mer verhanden. Das ist die mainung inn der obangezaigten rede sanct Paulus die er schreibt ad Corin. xi. Es můͤssen aberglauben vnd irrthumb sein darumb das die recht glaubigen bewert erscheinen / von des wegen ich gesprochen hab / ye vngeschickter vnnd vntaugenlicher der Thalmud ist alls die vnsern sagen / ye lieber wolt ich das er vnßern studenten vnd schrifftgelerten solt belei-

oder gewünscht hätte, dass der Talmud verbrannt worden wäre, ausgenommen der genannte Bruder Petrus Nigri aus dem Predigerorden und der Konvertit Johannes Pfefferkorn, die zu meinen Lebzeiten gewirkt haben und mit denen beiden ich selbst gesprochen habe. Ihnen nehme ich es auch nicht übel und billige es ihnen zu, denn sie haben einen Eifer für Gott, jedoch ohne Einsicht, wie Paulus in Röm 10,2 spricht. Doch die anderen hochgelehrten und der Sprache viel kundigeren Autoren vor unserer Zeit wünschten, obwohl sie scharf gegen den Talmud geschrieben haben, gleichwohl nicht, dass er verbrannt oder vernichtet würde. Ihnen ergeht es wie einem edlen Jäger, wie ich ihn unter hohen Fürsten gesehen habe, der einen stolzen Hirsch mit einem vielendigen Geweih über ein weites Feld jagt und sehr wohl weiß, dass er ihm nicht entrinnen wird. So will er um der Jagdlust willen nicht, dass er niedergestochen oder erschossen werde. Er sieht lieber, wie er gejagt, als dass er erlegt wird. Ebenso verhält es sich mit den Gelehrten und Weisen, die Vergnügen daraus ziehen, den Talmud und seine Anhänger mit vernünftigen und kenntnisreichen Worten vor sich herzutreiben. Welches Lob wollten sie sich erwerben, wie wollten sie unter Beweis stellen, dass sie anerkannte Doktoren und Meister der Christenheit seien, wenn er verbrannt und nicht mehr existent wäre? Denn dann könnte künftig niemand mehr wissen, ob ihre Argumente und Widerlegungen wahr oder unwahr wären, denn das Buch, gegen das sie argumentierten und disputierten, wäre nicht mehr vorhanden. Dies ist die Bedeutung des oben angeführten Ausspruchs des heiligen Paulus, den er schreibt in 1 Kor 11,19: »Es müssen Aberglauben und Irrtum existieren, damit die Rechtgläubigen bewährt erscheinen.« Aus diesem Grund habe ich gesagt, dass je unzulänglicher und ungeeigneter der Talmud ist, wie die Unseren sagen, ich desto lieber wollte, dass er unseren Studenten und Schriftgelehrten erhalten bliebe – so wie eine Scheibe auf ei-

ben / wie ain blatt in ainer zilstat zů dem man teglich muͤßt schiessen / das sie dester gehertzter vnnd kecker würden wider die vnglaubigen mit worten zů fechten / dan man stigt den zaun am nidersten an sprechent die kriegs knecht / xiij. distinc. nerui. wer er dann so vngeschickt vnd so schnoͤd als man von im vß gibt / so moͤchten die vnsern bald sigen vnd triumphiern. Das macht mich gedencken an den hochuerruͤmpten kriegßman vnd künig in Lacedemonia der genant ist Agesilaus / von dem der fürnem wyß vnd ritterlich man Xenophon der mit sampt Plato dem schrein aller künsten by dem gelertesten maister Socrates in die schůl ist gangenn / ain schoͤnes büchlin in griechescher sprach geschriben hat / darinn er sagt das zů zeitten als Agesilaus syn here wider die persier gezogen / da hab er synen hauptleütten vnd fendrichen beuolhen was sy volcks vß den Barbarien gefangen nemmen das solten sie vß gezogen ire klaider inn seine stet fuͤren / vnd ain yegklichen nackent vff dem marckt verkauffen / nemlich vß diser vrsach / wan syne kriegs knecht die fiend also nackent sehent wie sye so weiß wern ann der [C iii[r]] haut / vnd wie sie an iren leiben so faißt weren das sie gedechten mit inen nit anders zů fechten syn dan wie mit weiben / vnd inen selbs aus sollicher verachtung ain grossen manßmůt nemmen. Das hat manicher treffenlicher man für ain mercklich kriegs stuck vnd für ain hohe wyßhait gehaltenn. Es was im gar vill nützer er lies die fiend nackent verkauffen wan das sie wern zů todt geschlagen / dan es machte syne helffer vnd helffers helffer in die harr dester fraydiger vnnd kecker im feld. So vil sei gesagt von der erstenn vrsach meins ratschlags gegründt vff die wort sanct Pauls da er spricht. Es můssen von not aberglauben vnd irrthumb sein / darumb das die rechtglaubigen bewert erscheinen.

Zum andern. So gründ ich meinen rat vff das hailig euangelium das der Thalmud nit sol verbrent werden. Dan vnser herr

nem Schießstand, auf die man täglich schießen muss –, damit jene umso beherzter und mutiger würden, gegen die Ungläubigen mit Worten zu fechten. Denn man ersteigt die Befestigung, wo sie am niedrigsten ist, sagen die Kriegsknechte, siehe D. 1.13.2. Wäre der Talmud so unzulänglich und dürftig, wie man von ihm behauptet, so werden die Unsrigen bald siegen und triumphieren. Das lässt mich an den hochberühmten Kriegsmann und König von Sparta mit Namen Agesilaos denken, über den der vornehme, weise und ritterliche Autor Xenophon, der zusammen mit Platon, dem Schrein allen Wissens, bei dem hochgelehrten Meister Sokrates in die Schule gegangen ist, ein schönes Büchlein in griechischer Sprache geschrieben hat. Darin sagt er, dass er zu der Zeit, als Agesilaos mit seinem Heer gegen die Perser zog, seinen Hauptleuten und Fähnrichen befohlen habe, dass sie all den Barbaren, die sie gefangen nehmen würden, ihre Kleidung ausziehen, sie in sein Lager führen und sie nackt auf dem Markt verkaufen sollten. Und zwar aus folgendem Grund: Wenn seine Soldaten die Feinde nackt erblicken und sehen würden, wie weiß ihre Haut sei und wie feist ihre Leiber seien, würden sie glauben, mit ihnen nicht anders kämpfen zu müssen als mit Frauen. Aus einer solchen Verachtung würden sie großen männlichen Mut ziehen. Das hat manch vorzüglicher Mann für eine bemerkenswerte Kriegslist und für große Klugheit gehalten. Es nützte ihm viel mehr, die Feinde nackt verkaufen, als sie totschlagen zu lassen, denn das machte seine Helfer und Helfershelfer während des Wartens umso freudiger und mutiger im Feld. So viel sei gesagt zu dem ersten Grund meines Gutachtens, der auf den Worten des heiligen Paulus basiert, wenn er spricht: »Es müssen notwendig Aberglauben und Irrtum existieren, damit die Rechtgläubigen bewährt erscheinen.«

Zweitens stütze ich mein Gutachten, wonach der Talmud nicht verbrannt werden soll, auf das heilige Evangelium. Denn

Jesus cristus hat zuͤ den iuden gesagt Johan. v. Erfragent suͤchent oder erforschent die schrifften so vil ir wenen in den selben das ewig leben zuͤ haben / vnd die selbigen synd von mir zeugknus gebende. Die wyl ich aber mein grundtfeste diß ratschlags vff dise red will setzen / so gebürt mir die aigenschafft der woͤrter vor hin an tag zuͤ legen / vil ynrede der widersecher ob die vff erston wurden zuͤ vermeiden. Der herr spricht erstlich / erforschent / das wirt in griechescher sprach darinn das hailig euangelium am aller ersten geschriben ist / also gelesen ἐρευνᾶτε / vnd das selbig wort kumbt von zwaien vrsprungenn wie die wolgelerten griecheschen schůlmaister dar von schreiben / das ain ἐρῶ pro ἐρωτῶ haißt fragen oder suͤchen. Das ander εὐνή haißt ain kammer oder sal darinn man růwt als were es ain schůl nam schola dicitur vacatio / Vnd so die zwai inn ain ainig wort zuͤ samen gesetzt werden ἐρευνῶ / so bedeüt es zuͤ fragen / zuͤ forschen vnd zuͤ suͤchen in der schůl mit růw vnnd mit spehung des gemůts. Als woͤlte vnßer herr Jesus sprechen / Jr sollent disputiern in der schůl vß den schrifften darin ir wenen das ewig leben zuͤ haben / die selben geben mir auch gezeugknus. Fürbas spricht der herr in den obgemeltten worten. So vil ir wenen in den selben schrifften das ewig leben zuͤ haben / vnd sagt nit / in denen ir warlich wissent das ewig leben ze haben / dan das wort δοκεῖ am selben ort haist etwas für war halten das nit also ist / bedeütet zuͤ teutsch wenenn. Dar durch tailt er die schrifften in die bibel vnd in die bücher der maister / dan er hette sye [C iii^{v}] vor gelert das sie warlich soltten wissen vnnd nit wenen vß der bibel das ewig leben zuͤ haben / Luce x. wan vnder dem volck ain gelerter vff stund vnnd sprach. Herr was soll ich thůn das ich das ewig leben besitz. Anntwurt der her. Wie lisestu in deinen büchern des gesatz / sprach er. Jch liß

unser Herr Jesus Christus hat nach Joh 5,39 zu den Juden gesagt: »Befragt, durchsucht oder erforscht die Schriften, von denen ihr wähnt, in ihnen das ewige Leben zu finden, und diese geben von mir Zeugnis.« Weil ich aber das Fundament meines Gutachtens auf diesen Worten errichten will, ist es angemessen, zuerst die eigentliche Bedeutung der Wörter darzulegen, um die vielen Einwände der Gegner, falls sie auftreten sollten, zu vermeiden. Der Herr sagt zunächst: ›erforscht‹. In griechischer Sprache, in der das heilige Evangelium zuallererst geschrieben wurde, steht *ereunate*. Dieses Wort hat, wie die hochgelehrten griechischen Lehrer schreiben, zwei Wurzeln, nämlich erstens *erō* für *erōtô*, das heißt ›fragen‹ oder ›suchen‹. Die zweite Wurzel *eunḗ* heißt ›Kammer‹ oder ›Saal, in dem man ruht‹, als wäre es seine Schule, denn das lateinische Wort ›schola‹ bedeutet ›Freisein‹. Und wenn die beiden zu einem einzigen Wort zusammengesetzt werden, nämlich *ereunô*, so bedeutet dies ›zu fragen‹, ›zu forschen‹ oder ›schulmäßig zu durchsuchen mit Ruhe und mit geistiger Aufmerksamkeit‹. Als wollte unser Herr Jesus sagen: »Ihr sollt in der Schule aus den Schriften disputieren, in denen ihr wähnt, das ewige Leben zu finden. Diese legen auch Zeugnis von mir ab.« Außerdem spricht der Herr in den oben zitierten Worten: »Insofern ihr wähnt, in diesen Schriften das ewige Leben zu finden.« Und er sagt nicht: »In denen ihr wahrheitsgemäß wisst, das ewige Leben zu finden.« Denn das Wort *dokeî* an derselben Stelle bedeutet ›etwas für wahr halten, welches nicht der Fall ist‹, im Deutschen heißt dies ›wähnen‹. Damit unterteilt er die Schriften in die Bibel einerseits und die Bücher der Meister andererseits, denn er hatte sie zuvor unterwiesen, dass sie wahrhaftig wissen und nicht wähnen sollten, aus der Bibel das ewige Leben zu erhalten, siehe Lk 10,25–28: »Da stand unter dem Volk ein Gelehrter auf und sprach: ›Herr, was soll ich tun, damit ich das ewige Leben besitze?‹ Der Herr antwortete: ›Was liest du

also / du solt gott deinen herrn über alle ding lieb haben / vnd deinen nechsten als dich selbs / Sprach der herr / das thůͤ so lebstu. Das hette auch Moyses den iuden vor hin gesagt / deuteronomij xxx. ca. Bedenck das ich heüt deinem angesicht fürgelegt hab das leben vnnd das gůͤtt etc. darumb so hetten sie kainen zweifel an der bibel es were das ewig leben darin. Noch dann so hetten sie dar zůͤ auch andere bücher die nit bibel warn / die ire maister vnd rabi mit subtylkait gemacht hetten / die hieß vnser herr Jesus Traditiones. Matthei xv. dar durch sie inn ainen won vnd mainung kommen warn / als solten sie daruß auch das ewig leben überkommen / vnd das was doch nit war / dann vnser herr Jesus redt dar wider vnnd gab inen zůͤ verston sie wern blindt vnnd woͤltten doch sagen sie gesehen. Johan. ix. ca. Vnd vff das hat er ire schriften die sie geschriben haben vnd ir leben wider worffen / Matthei xxiij. mit vil worten die er gebraucht wider die scribenten der bücher vnd wider die gaistlichen / darab zenemmen ist / das vnßer herr Jesus die schrifften der maister daruß der Thalmud gesamlet vnd gemacht ist dar inn sie wenen das ewig leben zehaben / mit seinen worten will aigentlich bedeütten vnnd anzeigen / so er spricht. Erfragent sůͤchent oder erforschent die schrifften dar inn ir wenen das ewig leben zehaben / vnd die selbigen / das ist gesprochen die selbigen auch zůͤ sampt der bibel / das schafft das woͤrtlin vnnd oder auch / als woͤlt er sagen. Die schrifften ewer schreiber vnd gelerten daruß der Thalmud gesamlet vnd gemacht ist / die geben auch zeugknus von mir als wol als die bibel / vnd das ist die warhait / dann ye mer der Thalmud wider vns gemacht ist / so vil besser vnnd hefftiger synd die gezeugknus die für uns vnnd vnßern cristenlichen glauben darin

in den Büchern des Gesetzes?‹ Jener sprach: ›Ich lese Folgendes: Du sollst Gott, deinen Herrn, über alle Dinge liebhaben und deinen Nächsten wie dich selbst.‹ Der Herr sprach: ›So wirst du leben.‹« Das hatte einst auch Moses den Juden gesagt, siehe Dt 30,19–20: »Bedenke, dass ich dir heute das Leben und das Gute vor Augen geführt habe.« Darum hegten sie keine Zweifel, dass sie in der Bibel das ewige Leben fänden.

Außerdem besaßen sie darüber hinaus auch andere Bücher, die nicht die Bibel waren, nämlich diejenigen, die ihre Meister und Rabbinen mit großer Subtilität verfasst hatten. Diese nannte unser Herr Jesus ›Überlieferungen‹, Mt 15,3. Durch sie waren sie zu dem Wahn und der Meinung gekommen, sie könnten aus ihnen ebenfalls das ewige Leben erhalten. Doch das war nicht wahr, denn unser Herr Jesus redete dagegen und gab ihnen zu verstehen, sie seien blind und wollten doch sagen, sie sähen, Joh 9,41. Und darauf hat er ihre Schriften, die sie geschrieben haben, und ihr Leben verworfen, Mt 23,1–39, mit vielen Worten, die er gegen die Autoren der Bücher und gegen die Geistlichen gerichtet hat. Dem ist zu entnehmen, dass unser Herr Jesus die Schriften der Meister, aus denen der Talmud zusammengestellt und gemacht ist, von denen sie wähnen, in ihnen das ewige Leben zu finden, mit seinen Worten eigentlich bezeichnen und benennen will, wenn er spricht: »Befragt, durchsucht oder erforscht die Schriften, von denen ihr wähnt, in ihnen das ewige Leben zu finden, und diese [geben von mir Zeugnis].« Das bedeutet ›diese einschließlich der Bibel‹, nämlich durch den Gebrauch des kleinen Wortes ›und‹ oder ›auch‹, als ob er sagen wollte: »Die Schriften eurer Schreiber und Gelehrten, aus denen der Talmud zusammengestellt und gemacht ist, geben auch Zeugnis von mir ebenso wie die Bibel.« Und das ist die Wahrheit, denn je mehr der Talmud gegen uns verfasst wurde, desto besser und stärker sind die Zeugnisse, die für uns und unseren christlichen Glauben in ihm gefunden werden.

erfunden werden / darumb hat Cristus beuolhen das man die selben schrifften inn der schuͤl soll fleißlich ersuͤchen / dar von disputirn vnd nit verbrennen.

Jch will nur ain argument daruß nemmen / das den iuden gar nach all ir fürnemmen mag brechen. Sie sprechen / wir glauben wol das Jesus sei kommen / wir glauben aber [C iiii^{r}] nit das der recht Cristus sei / dann Cristus inn der bibel verhaissen ist noch nit kommen. Wa ich nun inn der bibel nit so clar find das er kommen sei / so beweis ich das aus irem Thalmud / das ire maister geschriben haben / wie das gesetz Moysi soll vffhoͤren in dem viertausentsten iar nach schoͤpffung der welt / vnnd als dan sol des Messias gesetz anfahen / vnd wern zwai tausent iar / dan die wellt sol allain beston vi. tausent iar / als sie in sechs tagen gemacht ist / das sind ire wort die der thalmud inhalt / wie es die iunger Helie geredt sollen haben. Nun zelen die iuden yetzund nach schoͤpffung der welt 5271 / daran es inen felet ietzt by den xiij. hundert iarn / das diser mainung nach / der recht Messias oder Cristus kommen were vor xiij. hundert iarn. Was gat es mich aber an / ob es war sei das es die kinder oder iunger Helie des propheten gesagt haben oder nit / wan ich allain durch iren aigen mund bewern mag das für vnßern cristen glauben ist / dem sie nit moͤgen widersprechen / vnd der gleichen ding synd vnzalber vil die ich mag wider sie beweißen vß dem thalmud / dem sie anhangen mit hertzen vnd den sie mit mund veriehen / Nun ist kain groͤsser beweisung dann meins widertails aige bekantnus / vnd so ainer in offen schrifften oder instrumenten ettwas vergicht / das macht ain achtung im rechten die man nennet presumptionem iuris et de iure / das man dar wider kain andere weisung verhoͤrn bedarff / tex. et glo. in. l. antique. §. sed si quidem. C.

Deshalb hat Christus befohlen, dass man diese Schriften in der Schule fleißig untersuchen, darüber disputieren und sie nicht verbrennen soll.

Ich will nur ein Argument daraus ziehen, das den Juden ihre ganze Absicht zunichtemachen soll. Sie sagen: »Wir glauben wohl, dass Jesus gekommen sei, wir glauben aber nicht, dass er der wirkliche Christus sei, denn der in der Bibel verheißene Christus ist noch nicht gekommen.« Wenn ich nun der Bibel nicht klar entnehmen kann, dass er gekommen ist, so beweise ich aus ihrem Talmud, dass ihre Meister geschrieben haben, das Gesetz Moses solle enden im viertausendsten Jahr nach der Erschaffung der Welt, und dann werde das Gesetz des Messias beginnen und werde zweitausend Jahre dauern, denn die Welt solle für sechstausend Jahre bestehen, wie sie in sechs Tagen geschaffen wurde. So lauten ihre eigenen Worte, die der Talmud enthält, wie es die Jünger des Elias gesagt haben sollen. Nun zählen die Juden jetzt seit Erschaffung der Welt das Jahr 5271, es fehlen ihnen also dreizehnhundert Jahre, so dass ihrer Meinung nach der wahre Messias oder Christus vor dreizehnhundert Jahren gekommen ist. Was geht es mich jedoch an, ob es wahr sei, dass die Kinder oder Jünger des Propheten Elias jene Worte gesagt haben oder nicht, wenn ich allein durch ihre eigene Aussage beweisen kann, was für unseren christlichen Glauben spricht. Dem können sie nicht widersprechen. Und dergleichen Dinge gibt es unzählig viele, die ich gegen sie aus dem Talmud beweisen kann, dem sie mit ihrem Herzen anhängen und den sie mit ihrem Mund bekennen. Nun gibt es keinen besseren Beweis als das Geständnis meines Gegners. Und wenn jemand etwas öffentlich in Schriften oder Akten bekennt, bedeutet dies eine rechtliche Vermutung, welche man ›praesumptio iuris et de iure‹ [rechtliche und von Rechts wegen geltende Vermutung] nennt, angesichts derer man keine weitere Beweisführung anhören muss, siehe Cod. 4.29.23.1 und die

ad. S. C. vellei. vbi etiam Bald. in ver. tertio quero vtrum ista confessio. Es moͤcht ainer wider mich sprechen / doctor reüchlin du hast hieuor gesagt der Thalmud sei gemacht mer dan anderhalb hundert iar nach Cristus geburt / wie kann dar by mit warhait beston das Cristus hab die doctores im Thalmud gemaint / da er gesagt hat / Sůͤchent vnnd erforschent die schrifften etc. Dar zůͤ antwurt ich mit den worten des eerwirdigen vatters vnd hochgelerten herrn hern Pauls bischoff zůͤ Burgis vnd ertzcantzler in Hispania / die er vns schreibt inn der vorred des buchs genant Scrutinium scripturarum / das vor vnsers lieben herrn absterben vnd lang vor syner geburt haben der iuden doctores vnd maister vil geschriben vnd gelert vnnd das selbig inn sundere bücher vnd schrifften verfasßt stuck zůͤ stuck / aber nach dem vnd die cristenhait sich mern woͤlt lanng nach vnnßers lieben herrn tode / [C iiii^{v}] da seien sie nach vßwysung rabi Moysi egyptij inn seinem deuteronomio zůͤ samen gesessen vnd haben ire alten doctores vnd maister inn ain buch oder collectur vnd inn ain ordnung gestalt oder form wie die yetzund ist zůͤ samen gebracht / vnd haben die selbig versamlung der schrifften vnd lere der maister genent den thalmud / also sagent vnd schreibent die vnsern dar von. Die weil aber cristus hat beuolhen wir sollent daruß disputiern vnd zeugknus syner zůͤkunft darab nemmen / so ist er nit zůͤ verbrennen.

Zum dritten so gründ ich meinen rat vff den baum der kunst des gůͤtten vnnd des boͤsen / den selbenn baum hat gott selbs in das paradeis gesetzt vnd gepflantzt. Gene. ij. ca. darumb er von kainem menschen ist vß zerauffen / dan es ist von got verbotten Deutero. xx. da geschriben stat. Du solt nit vß hawen die baum dar von man essen mag. Vnd wie woll Adam vnd Eua den tod dar von geessen haben / noch dan hat got den baum nit vßgehauen noch verbrent / sunder er hat in lassen ston bis vff disen heutigen tag / des wir teglich empfinden. Wie wol nun

zugehörige Glosse sowie Baldus zu dieser Stelle. Jemand könnte gegen meine Ausführungen einwenden: Doktor Reuchlin, du hast vorher gesagt, der Talmud sei mehr als 150 Jahre nach Christi Geburt erstellt worden. Wie kann es also als wahr gelten, dass Christus die im Talmud angeführten Doktoren gemeint hat, als er sagte: »Durchsucht und erforscht die Schriften usw.«? Darauf antworte ich mit den Worten des ehrwürdigen Vaters und hochgelehrten Herrn, des Herrn Paul, Bischof zu Burgos und Erzkanzler von Spanien, die er in der Vorrede seines Buches *Scrutinium scripturarum* schreibt, nämlich dass vor dem Verscheiden unseres lieben Herrn und lange vor seiner Geburt die jüdischen Doktoren und Meister viel geschrieben und gelehrt und diese Lehren in verschiedenen Büchern und Schriften niedergelegt haben. Nachdem aber die Christenheit lange Zeit nach dem Tod unseres lieben Herrn sich zu mehren begonnen hatte, hätten sie sich gemäß der Anweisung des Rabbi Moses von Ägypten in seinem Deuteronomium [Dt 1,13] versammelt und ihre alten Doktoren und Meister in ein Buch oder eine Sammlung sowie in eine Anordnung, Gestalt oder Form gebracht, wie sie heute noch vorliegt. Und diese Sammlung der Schriften und Lehren der Meister haben sie Talmud genannt. So berichten und schreiben die Unseren darüber. Weil aber Christus befohlen hat, wir sollten daraus disputieren und Zeugnis seiner Ankunft ziehen, so ist der Talmud nicht zu verbrennen.

Drittens stütze ich mein Gutachten auf den Baum der Erkenntnis des Guten und des Bösen. Diesen Baum hat Gott selbst in das Paradies gesetzt und gepflanzt, Gen 2,9. Daher ist er von keinem Menschen herauszureißen, denn das ist von Gott verboten, siehe Dt 20,19, wo geschrieben steht: »Du sollst nicht umhauen den Baum, von dem man essen kann.« Und obwohl Adam und Eva den Tod von ihm gegessen haben, hat Gott doch den Baum weder umgehauen noch verbrannt, sondern ihn stehenlassen bis zum heutigen Tag, wie wir täglich er-

ettlich der vnsern sagen das vil boͤses im Thalmud stand geschriben / noch dan ist es nit boͤß das wir dasselbig boͤß lesen vnd lernen / nit das wir dem boͤßen woͤllen nach volgen / sunder das wir dest leichtlicher moͤgen erkennen was guͦt ist vnd dem selben anhangen / xxxvij. distin. qui de mensa. Vnd Aristoteles in dem buch elenchorum spricht / das die kunst boͤser ding sy nit boͤß sunder guͦtt vnd erlich. Was hat Moises künden oder moͤgen von den Egyptiern guͦts lernen / die alle abgoͤtterei angenommen / vnnd katzen hund / schlangen vnd natern für ire goͤtt gehaltten habenn / wie der hailig Athenagoras schreibt zuͦ Marco Aurelio Antonino vnd Lucio Aurelio Commodo baiden roͤmschen kaißern als er zuͦ inen von den cristen in ainer legacion vnd botschafft geschickt ward / war zuͦ solt dem Daniel die kunst der Chaldeiern darinn er vnderwysen ward / Danie. i. ca. Die do warn aberglaubig vnd mit der abgoͤtterei befleckt / von denen geschriben stat Jsaie xlviij. Fliehent von den Chaldeiern / noch dan so wirt Salomon gelobt das syn weißhait ist über die weißhait der orientischen vnd egyptiern gewesen / iij. Re. iiij. vnd ain gemaine red. Bistu weiser dann Daniel. Ezechelis xxviij. Daruff spricht das hailig gaistlich recht nechst ob angezaigt / das die iüdischen knaben in Chaldea Daniel Ananias Mizael vnd Azarias nit wolten essen noch trincken [D ir] von dem tisch des künigs von Babylonia / darumb das ir conscientz nit würd verunrainet / hetten sie nun gewißt das die weißhait vnd lere der babylonischen inen ain sind wer gewesen / sy hetten iren willen nimmer dar zuͦ geben sollichs zelernen das inen nit gezimpt het / Aber sie hon es gelernt nit das sie dem nachuolgten / sunder das sy es kündten bewegen vnd widerfechten / so vil sind der wart des yetz gedachten gaistlichen rechtes. Vß disem text nemmen wir / das wir

fahren. Obwohl nun einige der Unseren sagen, dass viel Schlechtes im Talmud geschrieben stehe, ist es doch nicht schlecht, dass wir dieses Schlechte lesen und studieren, nicht um dem Schlechten zu folgen, sondern damit wir umso leichter erkennen, was gut ist, und diesem anhängen, siehe D. 1.37.11. Und Aristoteles sagt in den *Sophistischen Widerlegungen*, dass die Kenntnis schlechter Dinge nicht schlecht sei, sondern gut und redlich. Was konnte oder wollte Moses von den Ägyptern Gutes lernen, die jederlei Abgötterei betrieben und Katzen, Hunde, Schlangen und Nattern für ihre Götter gehalten haben, wie der heilige Athenagoras an die römischen Kaiser Marcus Aurelius Antoninus und Lucius Aurelius Commodus schreibt, als er von den Christen als Gesandter und Bote zu ihnen geschickt worden ist? Was nutzte Daniel die Wissenschaft der Chaldäer, in der er laut Dan 1,4 unterwiesen wurde, da diese doch dem Aberglauben anhingen und mit Abgötterei befleckt waren? Über sie steht in Jes 48,20 geschrieben: »Fliehet die Chaldäer«. Zudem wird Salomon dafür gelobt, dass seine Weisheit über der Weisheit der orientalischen Völker und der Ägypter gestanden habe, siehe 1 Kön 5,10. Und eine sprichwörtliche Redensart lautet: »Bist du weiser als Daniel?«, Ez 28,3. Dazu sagt das heilige kanonische Recht an der oben angeführten Stelle [D. 1.37.11], dass die jüdischen Knaben Daniel, Ananias, Misael und Azarias in Chaldäa weder essen noch trinken wollten vom Tisch des Königs von Babylon, damit ihr Gewissen nicht verunreinigt werde. Wären sie nun der Überzeugung gewesen, dass die Weisheit und Lehre der Babylonier für sie eine Sünde gewesen wären, hätten sie sich nie dazu bereitgefunden zu erlernen, was sich für sie nicht geschickt hätte. Doch sie haben es erlernt, nicht um dem zu folgen, sondern damit sie es erwägen und widerlegen konnten. So lauten die Worte der erwähnten Stelle des kanonischen Rechts. Diesem Text entnehmen wir, dass wir nebeneinander Schlechtes und

moͤgen boͤß vnd guͤts durch ainander lesen vnd lernen / das boͤß mit vernünfftigen worten zuͤ straffen / vnnd das guͤt so darunder wie die roßen inn dornen gefunden wirt / in den gebrauch der hailigen lere zuͤ bewenden. c. turbat. ea. dis. Nun ist nieman der do künd oder moͤg mit warhait sagen von dem thalmud / darin die vier oͤbern faculteten beschriben stond / das er gar vnd gantz boͤß vnnd nichtz guͤts daruß zuͤ lernen sei / dan er halt inn im vil guͤtter artznei vnd künsten von kreütern vnnd wurtzeln / so halt er in im vil guͤtter vrtailn inn den rechten durch vil weltweisen iuden zuͤ samen getragen. Vnnd in der theologi ist der Thalmud an vil ortten vnser handthab wider der iuden vnglaubigs für nemmen / Als das erscheint auß des bischoffs von Burgis büchern die er cristenlich vnd loͤblich über die bibel / vnnd in Scrutinio geschriben hat / dar in er vnsern glauben clarlich beschirmt vß dem Thalmud. Jch hon gemerckt vnd gezelt allain inn dem ersten tail synes buchs Scrutinij scripturarum / das er sich mer dan an fünffzig ortten wider die iuden beholffen hat aus dem Thalmud / ich geschweig in dem andern tail des selben buchs da er den Thalmud an vil ortten für uns cristen an zeücht. Vnd in der vorred schreibt er das die gloßen vnnd sprüch der doctores im Thalmud seient also gestalt / das wir darvß moͤgen hefftige vnnd vßrichtliche argumenten vnns nemmen wider die iuden / dann ire maister haben vnderthwylen so es verborgene goͤttliche haimlichait betroffen hat / prophetiziert vnnd geweissagt / vnd doch unwissend was sie redten / wie auch der Cayphas Johannis. xi. So ist dannocht die bekanntnus des widertails ain crefftige bewerung / alßo schreibt er in der gedachten vorred. Des gleichen durch die gantzen bibel wa es sich begibt das die iuden wider vns sind / arguiert er mit inen vnns zuͤ behelff vß irem Thalmud / des kan

Gutes lesen und erlernen können, um das Schlechte mit vernünftigen Worten zu tadeln und das Gute, welches darunter wie die Rosen inmitten der Dornen zu finden ist [Hl 2,2], in den Dienst der heiligen Lehre zu stellen, siehe D. 1.37.8. Nun kann und soll niemand über den Talmud, in dem die vier höheren Fakultäten beschrieben sind, wahrheitsgemäß sagen, dass er ganz und gar schlecht und nichts Gutes daraus zu lernen sei, denn er enthält viele gute medizinische Rezepte und das Wissen von Kräutern und Wurzeln. Ebenso enthält er viele gute Urteile in Rechtssachen, die durch viele gebildete Juden zusammengetragen wurden. Und in der Theologie ist der Talmud an vielen Stellen unsere Handreichung gegen die irrgläubigen Ansichten der Juden, wie deutlich wird aus den Büchern des Bischofs von Burgos, die er in christlicher und lobenswerter Weise über die Bibel geschrieben hat, sowie aus seinem *Scrutinium scripturarum*. In ihnen wird unser christlicher Glaube eindeutig aus dem Talmud verteidigt. Allein im ersten Teil seines Buchs *Scrutinium scripturarum* habe ich angemerkt und gezählt, dass er sich an mehr als fünfzig Stellen gegen die Juden aus dem Talmud beholfen hat, um vom zweiten Teil dieses Buches, in dem er den Talmud an vielen Stellen zugunsten von uns Christen heranzieht, ganz zu schweigen. Und in der Vorrede schreibt er, die Glossen und Sprüche der Doktoren im Talmud seien dergestalt, dass wir ihnen starke und wirksame Argumente gegen die Juden entnehmen könnten, denn ihre Meister hätten mitunter Prophezeiungen und Weissagungen über verborgene göttliche Geheimnisse geäußert, ohne jedoch zu wissen, was sie wirklich sagten, wie es auch bei Kaiphas der Fall gewesen sei laut Joh 11,49–52. Also ist das Geständnis des Gegners ein starker Beweis, wie er in der erwähnten Vorrede schreibt. Ebenso argumentiert er in Bezug auf alle Stellen der Bibel, in deren Auslegung sich die Juden gegen uns positionierten, gegen sie unter Zuhilfenahme ihres Talmuds, wie jeder,

ain iegklicher der in geleßen hat nit abred syn. Nit anders halten sich die andern [D iv] hochgelerten der hailigen schrifften doctores die iudisch sprach künden / wan sie wider die iuden disputirn wo̊ͤllen so ziehen sie den Thalmud her für / vnd kempffen wider sie mit dem Thalmud. Als der lobwirdig doctor in der hailigen schrifft barfůͤsser ordens der das buch Fortalicium fidei inn Hispanien gemacht / der hat sich besunder inn dem dritten buch Fortalicij vß vnd vß hin für sich vnd für vns des thalmuds wol vnd geschicklich beholffen / als ob er die iuden wo̊ͤlte mit irem aigen messer erstechen. Dem gleich thůͤt der wolgelert doctor Nicolaus de lyra für war ain kron des barfůͤsser ordens nit allain inn der gantzen bibel wa es im zůͤ felldt kumpt / sunder auch in ainem besundern buch wider die iuden das anfahet. Primo queritur vtrum ex scripturis receptis a iudeis etc. da er also schreibt. Wie woll der thalmud vnd die glosen der iüdischen maistern zůͤ grossem tail vnwar sind / so mo̊ͤgen wir doch durch sie wider sie crefftigklichen arguiern / hec ille. Alßo habent die andern vnsers cristenlichen glaubens maister vnd doctores / vnd nemlich die so vß den iuden sindt cristen worden auch geschriben. Als die würdigen lerer Petrus alfonsi vnd maister Alfonsus conuersus in libris de bellis dei vnd maister Johannes de podico vnnd maister Hieronymus et ceteri / Ab dem allem wol zůͤ nemmen ist / das der Thalmud nit gar vnd gantz ain bo̊ͤßer baum ist der kain gůͤtte frucht mo̊ͤg bringen / des halb er solte vß gehawen vnnd verbrent werden. Matthei tertio capitulo. Sunder er hat vil gůͤts inn im / vnd die verstendigen mo̊ͤgen vil gůͤts darauß nemmen wie ob geho̊ͤrt ist / Dann alls sanct Hieronymus schreibt zůͤ Athleta. Es ist ain grosse weißhait gold in kat sůͤchen.

der ihn gelesen hat, nicht in Abrede stellen kann. Nicht anders verhalten sich die übrigen hochgelehrten Doktoren der Heiligen Schriften, die das Hebräische beherrschen. Wenn sie gegen die Juden disputieren wollen, ziehen sie den Talmud heran und kämpfen gegen sie mit dessen Hilfe. Auf die gleiche Weise verfährt der lobenswerte Doktor der Theologie aus dem Barfüßerorden [Alfonso de Spina], der in Spanien das Buch *Fortalicium fidei* verfasst hat. Er hat sich insbesondere im dritten Buch des *Fortalicium* immer wieder zu seinem und unserem Vorteil mit dem Talmud beholfen, als ob er die Juden mit ihrem eigenen Messer erstechen wollte. Ihm gleich geht der wohlgelehrte Doktor Nikolaus von Lyra vor, wahrlich eine Zier des Barfüßerordens, und zwar nicht nur, wenn sich die Gelegenheit bietet, in seiner Postille zur ganzen Bibel, sondern auch in einem eigenen Buch gegen die Juden, das mit den Worten beginnt: »Zuerst wird gefragt, ob aus den von den Juden empfangenen Schriften usw.«. Darin schreibt er Folgendes: »Obwohl der Talmud und die Glossen der jüdischen Meister zu großen Teilen unwahr sind, können wir doch mit ihnen gegen sie mit großem Nachdruck argumentieren.« Ebenso haben auch die anderen Meister und Doktoren unseres christlichen Glaubens und insbesondere diejenigen, die, aus dem Judentum kommend, Christen geworden sind, geschrieben, so die würdigen Lehrer Petrus Alfonsi und Meister Alfonsus Conversus in den Büchern *De bellis Dei* und Meister Johannes de Podico und Meister Hieronymus und andere. All dem ist gut zu entnehmen, dass der Talmud keinesfalls ein ganz und gar schlechter Baum ist, der keine gute Frucht tragen kann, weshalb er umgehauen und verbrannt werden sollte, siehe Mt 3,10. Vielmehr trägt er viel Gutes in sich, und die Verständigen können viel Gutes daraus nehmen, wie oben dargelegt wurde. Denn wie der heilige Hieronymus an Athleta schreibt: »Es ist eine große Weisheit, Gold im Unrat zu suchen.«

Ob aber die vnuerstendigen sich darab ergerten das were ir selbs schuld vnd nit des buͤchs / die gaisse essent bittere weiden vnd gebent dar von suͤße milch / vnd von ainer ainigen blumen sugent die binen das lieplich honig / vnd die spinnen das laidig gifft / das ist der bluͤßt oder blumen schuld nit / sunder der tieren aigenschafft vnd natur / also findt man boͤß leüt von natur die guͤtte wort inn ain boͤße mainung keren / her widerumb so findt man guͤt leüt die vngeschickte wort in ain guͤtte mainung keren. Dar über findt man auch ettliche schlechte ainfeltige leüt / die kainen hoͤhern verstand haben dan wie die schrift nach dem buchstaben laut / also verstond sie es. Gleich als sich der [D ii[r]] kaiser Julianus an nimpt in den büchern die er wider vns cristglaubigen geschriben hat / darin er gar nach die gantze bibel allain nach dem text vß legt vnd keret die wort in ain boͤße mainung / wider den der hailig Cyrillus ettliche bücher gemacht und ercleret hat / das man die reden nit allwegen allain nach dem text wie die wort lutent verston soll. Darumb schreibt der hailig Hieronymus in ainer predig am osterabent gehaltten nemlich also / Was ist schantlichers inn der hailigen schrifft zuͤ sagen dann das gott dem hailigen propheten Oseas gebotten hab / er sol ain huͤren zuͤ der ee nemmen / vnd das Judas mit seiner aigen sunes frawen Thamar hab zuͤ schaffen gehabt vnd sie geschwengert / vnd das sich der hailig Dauid mit dem eebruch der Bathsaba befleckt hab / vnd Onan Judas sun seinen samen vff die erden hab geworffen darumb das er nit kinder mechte. Will man diße ding nach dem buchstaben verston / so wurden sie wol von den haiden vnnd allen vnglaubigen gleich wie kat vnnd mist der hailgen schrifft verworffen vnnd verspott / hec ille. Vnd volgt gar vil hernach zuͤ dißer mainung diennstlich / das ain yeder selber lesen mag / Des

Wenn das jedoch für die Unverständigen ein Ärgernis darstellte, wäre das ihre eigene Schuld und nicht diejenige des Buches. Die Ziegen fressen bittere Kräuter und geben davon süße Milch, und aus einer einzigen Blume saugen die Bienen den lieblichen Honig und die Spinnen das gefährliche Gift. Das ist nicht die Schuld der Blüte oder der Blume, sondern die Eigenschaft und Natur der Tiere. Ebenso findet man von Natur aus schlechte Menschen, die gute Worte in einen bösen Sinn verkehren; umgekehrt findet man gute Menschen, die ungeschickte Worte in einen guten Sinn wenden. Zudem findet man auch manch schlichte und einfältige Menschen, deren Erkenntnis nicht über den buchstäblichen Sinn der Schrift hinausgeht, und so verstehen sie sie. In dieser Weise verhält sich Kaiser Julian in den Büchern, die er gegen uns Christen geschrieben hat. In ihnen legt er die ganze Bibel allein nach dem Buchstaben aus und verkehrt die Worte in einen bösen Sinn, wogegen der heilige Kyrill zahlreiche Bücher verfasst und in ihnen dargelegt hat, dass man die Aussagen nicht immer allein nach dem Wortlaut verstehen darf. Deshalb schreibt der heilige Hieronymus in einer Predigt, die er in der Osternacht gehalten hat, wie folgt: »Was könnte Schändlicheres in der Heiligen Schrift gesagt werden, als dass Gott dem heiligen Propheten Hosea befohlen habe, er solle eine Hure zur Frau nehmen [Hos 1,2], und dass Juda mit Tamar, der Frau seines eigenen Sohnes, sexuell verkehrte und sie schwängerte [Gen 38,11–30] und dass sich der heilige David durch den Ehebruch mit Bathseba befleckt habe [2. Sam 11,1–27] und dass Onan, der Sohn Judas, seinen Samen auf die Erde geworfen hat, weil er keine Kinder wollte [Gen 38,9]. Wollte man diese Berichte dem Wortlaut nach verstehen, so würden sie wie die Heilige Schrift insgesamt wohl von den Heiden und allen Ungläubigen wie Unrat und Mist verworfen und verspottet.« Und auf dieses Zitat folgt vieles Weitere, das diese Ansicht unterstützt, wie jeder selbst nach-

halb der frydanck recht gesprochen hat / man haißt manichen boͤß den andern gůt / den man baiden vnrecht thůt. Nit red ich es darumb das ich den Thalmud woͤlle gůtt machenn ann den enden da er zů verwerffen ist / Sunnder allain zů beweisen das er nit zů verbrennen oder zů verdilcken sei / vmb des willen das inn im ettlich narrhait vnd torechtig maynungen inn disputation wyß begriffen sind / vnd besunder wann man die allain nach dem buchstaben will verston / Aber das ist war / das die alten weisen ire hoͤchste kunst vnnd weißhait alßo verborgen haben mit toͤrechten reden / oder endrung der wort / oder anzaigung der exempel / das sie zum dickernn maln nit allain die sprach verwellcht / sunnder auch die buchstaben verwandelt / alls die Egyptier die haben zwaierlay geschrifft gehabt. Die ain mit gemainen a.b.c. das ain ieglicher von egypten hat moͤgen leßen. Die ander mit selbgewachsen naturlichen buchstaben / die man allain gebraucht hat in der hochspehung der hailigkait als mit bomen / schlangen / schwertern / stecken / růtten / ougen / schiltten / vnnd der gleichen / dero wir noch bücher in griechischer sprach [D iiv] geschriben by vnsern hannden haben. Darumb hat sich der hailig Cyrillus des kaißers Julianus spottred wider den bock daruff die iuden ire sünd ierlichs legten / vnnd den selben mit iren sünden vnd mißtatten hin weg in den wilden wald iagten / Leuit. xvi. allein vß disem stuck vffenthaltten vnd erweret mit sollicher verantwurtung / das nit allain die hailige schrifft sunder die alten weisen sollichs in ir gewonhait haben die hoͤchste weißhait mit verborgen reden / byspiln / exempel oder reterschen zů beschreiben. Da her komment die sechs tag der schoͤpffung der welt so doch alle ding inn ainem augenblick geschaffen sind. Jtem das zwischneidig schwert das vor dem paradeiß hangt. Jtem das gott hat gesprochen / es hab in gerawen das er den menschen gemacht hat. Jtem das Abraham dry man sahe vnd ainen anbettet / vnd

lesen kann. Deshalb hat der Freidank richtig gesprochen: »Man nennt einen schlecht, den andern gut, / denen man beiden unrecht tut.« Das sage ich nicht, um den Talmud als gut darzustellen in den Teilen, in denen er zu verwerfen ist, sondern einzig um zu beweisen, dass er nicht zu verbrennen oder zu vernichten sei, weil in ihm zahlreiche Narrheiten und törichte Ansichten um der Diskussion willen enthalten sind, insbesondere wenn man diese Passagen allein dem Buchstaben nach verstehen will. Doch es ist wahr, dass die alten Weisen ihre tiefste Kenntnis und Weisheit so verborgen haben unter törichten Reden oder durch das Verändern von Worten oder das Erzählen von Gleichnissen, dass sie häufig nicht nur die Sprache veränderten, sondern auch die Buchstaben verwandelten. So etwa die Ägypter, die zweierlei Schrift besaßen: die eine mit gewöhnlichen Buchstaben, so dass sie jeder Ägypter lesen konnte; die andere mit eigens geschaffenen, an der Natur orientierten Buchstaben wie Bäumen, Schlangen, Schwertern, Stäben, Zweigen, Augen, Schilden und dergleichen mehr, die man nur für die spekulative Betrachtung des Heiligen verwendete. Darüber haben wir selbst in griechischer Sprache verfasste Bücher zur Hand. Deswegen hat sich der heilige Kyrill gegen den Spott Kaiser Julians über den Bock, auf den die Juden alljährlich ihre Sünden luden, um ihn dann mit ihren Sünden und Missetaten fort in den wilden Wald zu jagen [Lev 16,20–22], allein mit diesem Argument verwahrt und mit der Antwort gewehrt, dass nicht nur die Heilige Schrift, sondern die alten Weisen gewöhnlich die tiefste Weisheit mit dunklen Worten, Beispielen, Gleichnissen oder Rätseln beschrieben haben. Daher kommen die sechs Tage der Erschaffung der Welt [Gen 1,1–2,4], obwohl doch alle Dinge in einem Augenblick erschaffen wurden. Ebenso das zweischneidige Schwert, das über dem Paradies hängt [Gen 3,24]. Ebenso dass Gott gesprochen habe, es reue ihn, den Menschen gemacht zu haben [Gen 6,7]. Ebenso dass Abraham

die drei haben mit im geessen so doch gott nit ißt. Jtem das gott ist herab gestigen gen Sodoma oder vff den berg synai / so doch got allenthalben ist vnbeweglich. Jtem das got will vff ston. Jtem das got an disen oder anndern ortten wonet. Jtem das got inn im hab grimmen zorn / haß / wuͤterei / rach vornen vnd hinden. Jtem antlit hend vnnd fuͤß. Jtem die altten weisen haissent die weißhait wasser / vnnd die vnnweißhait hunger vnd durst. Jtem lyplicher lust haißt ain huͤr / darumb fahet Salomon syne parabolas vnd sprüch mit ainer huͤrn an / vnd endet mit ainer frummen frawen / vnnd inn dem hailigen euangelium das reich der himeln wirt gegleicht vilerlai dingen / vnnd Pythagoras der erst philosophus nennet die gerechtigkait ain wag / den zorn das fuͤwer / den krieg ain schwert / die irrung ain gemainen weg / die schwetzer schwalben / als dan Porphyrius von im schreibt inn dem ersten buch der philosophen historia / vnnd sanct Hieronymus inn syner anttwurt zuͤ Ruffino dem priester / vnd da mit ich desselben Pythagoras mainung mit kurtzen wortten vergreiff / so hat er verbottenn seinen iüngern was er sie inn der schuͤl von hohen künsten würd leren das sie das nit soltten vnder das gemain volck bringen / wie dar von Lyßis zuͤ Hipparcho clarlich geschriben hat. Des sich die selben weißen nach im geflissen haben / entweder die kunsten nit laßen zuͤ beschreiben / oder aber mit sollichen verborgen worten zuͤ bedeutten / das die nit iederman kundt verston / als auch Plato gethon / wie sich das erscheint inn seinen büchern / vnd in sunderhait an den missifen [D iiir] oder episteln die er zuͤ grossen herrn geschrieben hat. Also habent es auch gehaltten die druides in franckreich zuͤ zeitten kaißer Julius wie er selbs

drei Männer gesehen und einen angebetet habe und die drei mit ihm gespeist hätten, obwohl doch Gott nicht isst [Gen 18,1–8]. Ebenso dass Gott herabgestiegen sei nach Sodom oder auf den Berg Sinai [Gen 18,21; Ex 19,18], obwohl Gott doch allgegenwärtig ist, ohne sich zu bewegen. Ebenso dass Gott aufstehen werde [Num 10,35]. Ebenso dass Gott an diesen oder anderen Orten wohne [Ex 29,45]. Ebenso dass Gott von grimmigem Zorn, Hass, Wut oder Rache erfüllt sei [Ex 32,10; Dt 12,31; Ps 78,49; Dt 32,35]. Ebenso dass er Gesicht, Hände und Füße habe [Ps 17,15; Ps 10,12.14; Ps 99,5; Ps 132,7]. Ebenso dass die alten Weisen die Weisheit als Wasser bezeichneten und die Unwissenheit als Hunger und Durst. Ebenso die Bezeichnung von Liebeslust als Hure. Daher beginnt Salomon seine Gleichnisse und Sprüche mit einer Hure und beendet sie mit einer frommen Frau [Spr 5,3–19.31,10–31]. Und im heiligen Evangelium wird das Himmelreich mit verschiedenen Dingen verglichen; und Pythagoras, der erste Philosoph, nennt die Gerechtigkeit eine Waage, den Zorn das Feuer, den Krieg ein Schwert, den Irrtum einen öffentlichen Weg, die Schwätzer Schwalben, wie Porphyrios über ihn im ersten Buch seiner Philosophiegeschichte und der heilige Hieronymus in seiner Antwort an den Priester Rufinus schreiben. Und um die Ansicht des Pythagoras mit knappen Worten zu umreißen, so hat er seinen Anhängern verboten, unter das gemeine Volk zu tragen, was er sie in der Schule von den hohen Wissenschaften lehren werde, wie Lysis eindeutig an Hipparchos geschrieben hat. Daran haben sich die Weisen nach seiner Zeit geflissentlich gehalten, indem sie entweder ihr Wissen nicht schriftlich festgehalten oder es aber mit solch dunklen Worten dargelegt haben, dass es nicht jeder verstehen konnte. So hat auch Platon gehandelt, wie in seinen Büchern offenkundig wird und insbesondere in den Sendschreiben oder Briefen, die er an große Herren geschrieben hat. So haben es auch die Druiden in Gallien zur Zeit Kai-

in commentarijs dar von schreibt. Also finden wir in andern kunsten nemlich in Alkimia da man alle metall mit der vij. planeten namen haißt wie dan Geber den sie nennen maister der maistern in den büchern genannt Summa perfectionis magisterij vnd Arnoldus de villa noua in suo rosario / vnd Lullius in codicillo et in libro vademecum / et in li. de intentione alkimistarum / et in libro experimentorum vnd magister Johannes stirus anglicus in rosario / vnd Arcturus in arte / vnd ander vil schreiben / darin man wunderliche seltzame woͤrter vnd reden findt / darab ainer moͤcht gedencken ain vnsiniger het es in synem tram geredt / aber die gelerten der kunst wissent wol was es ist / vnd das es eern vnd lobs wert ist / des gleichen lißt man inn der artznei da haißt man album grecum hunds treck / vnd menschen flaisch gederret haißt man mummea etc. Vnd in der alten poetry der gantz Homerus ist vol haimlicher künsten die doch mit wilden sinnen vnnd worten vßgesprochen sind / des gleichen Hesiodus Orpheus vnd Theocritus.

So nun alle künsten vnser vor elttern dise fryhait vnd vrlaub haben / das sie vndertwilen iren sine vnd verstentnus anders haben dan die wort luten / da mit die vngelerten vnd vnuerstendigen die kunst nit verachten moͤchten / warumb soltte es dem Thalmud verbotten sein / das er seinen iungern mit andern wortten zuͤ verston gebe die haimlichait der lere / vnd nit das yederman mit vngeweschen füssen darüber lauff vnd sag / er künds auch. Wan nun yetzt ain vnuerstendiger keme vnd sprech / aller großmechtigster kaiser aller gnedigster herr ewer maiestat soll die bücher der Alkimia vnndertrucken vnd verbrennen für die / weil in den selben büchern stond lesterliche schantliche vnd auch narrechtige toͤrliche ding geschriben wider vnsern cristenlichen glauben / dan darin wirt dem künst-

ser Julius Caesars gehalten, wie er selbst in den *Commentarii de bello Gallico* berichtet. Dasselbe Vorgehen finden wir auch in anderen Wissenschaften, nämlich in der Alchemie, in der man die Metalle mit den Namen der sieben Planeten bezeichnet, wie Geber, den man Meister der Meister nennt, in den Büchern mit dem Titel *Summa perfectionis magisterii* und Arnold de Villa Nova in seinem *Rosarius* sowie Llull im *Codicillus*, im Buch *Vademecum*, im Buch *De intentione alkimistarum* und im Buch *Experimenta* und Magister Johannes Stirus Anglicus im *Rosarius* und Arcturus in der *Ars* und viele andere schreiben. In ihren Schriften findet man wunderliche, seltsame Wörter und Aussagen, angesichts derer jemand glauben könnte, ein Wahnsinniger hätte im Traum gesprochen, doch die Gelehrten dieser Wissenschaft wissen wohl, was es bedeutet, und dass es ehrenvoll und lobenswert ist. Das Gleiche liest man in der Arzneikunde; da nennt man Hundekot ›album graecum‹, ›griechisches Weiß‹, und getrocknetes Menschenfleisch ›mumia‹, ›Heilmittel‹. Und in der alten Dichtung ist der ganze Homer voller geheimer Kenntnisse, die mit Worten poetischen Rasens gesprochen sind; ebenso gehen Hesiod, Orpheus und Theokrit vor.

Da also alle Wissenschaften unserer Vorfahren diese Freiheit und Möglichkeit genießen, dass sie bisweilen einen anderen Sinn und eine andere Bedeutung besitzen, als dem Wortlaut entspricht, damit die Ungelehrten und Unverständigen die Wissenschaft nicht verachteten, warum soll es dann dem Talmud verboten sein, seinen Anhängern mit anderen Worten die Geheimnisse der Lehre zu verstehen zu geben, damit nicht jeder mit ungewaschenen Füßen darüber gehe und sage, er könne das auch. Wenn aber jetzt ein unverständiger Mensch käme und sagte: Allergroßmächtigster Kaiser, allergnädigster Herr, Eure Majestät soll die Bücher der Alchemie beseitigen und verbrennen, weil in diesen Büchern lästerliche, schändliche und närrische Dinge gegen unseren christlichen Glauben geschrie-

ner der Alkimia gebotten das der man sol vnder der frawen ligen so lang vnd ferr bis das er durch erhitzung crefftig werd vff die frawen zůͤ steigen / Die weil nun sollichs durch die kaiserliche recht schwer vnnd hart verbotten ist by verlierung des lebens. l. Cum vir nubit in feminam. C. de adul. et stup. vnd die schuler das lernen / vnde versus / Trude illum sub eam nec fac sui cernere quicquam. Sic crissando letus erit sub femine scandens. Cum iacet et pugnat neque tardat sub muliere. Viribus ascendet [D iii^{V}] ipsam sub se cito prendet etc. Wie das alles inn Arcturus kunst geschriben stat / mit vil andern vngeschickten botten vnd verbotten / so thůͤt ewr maiestat ain gůͤt werck solliche bücher zůͤ verbrennen. Dar zůͤ wyter / was kan man narrechters oder toͤrlichers leßen / dan so ainer sich vßgibt vnd seine iunger leret das man vß dem mon künd vnd moͤg die sunnen machen / vnd von ainem mon vil sunnen / des gleichen auß ainem flüchtigen knecht ain steten Mercurium etc. Was solt die kaißerlich maiestat ainem sollichen biffel oder esel zůͤ antwurt geben anders dan das er sagte. Du bist ain schlechter mensch / vil mer zůͤ verlachen dan zu willfaren. Jch merck vnd sich das du nichtz inn der selben kunst gelernet hast / gang hin ich will sie nit verbrennen. Die weil nun ain so klainsinniger kopff nit mag ergreiffen vnnd fassen die haimlichait ainicher kunst vnd ist dero nit wirdig / vnd verstat die ding anders dann sie an in selber sind / woͤlten ir raten das man solliche bücher verbrennen solte / darumb das sie ain vngelerter man nit kündt recht verston. Jch glaub wol nain. Also sind die altten poeten beliben die gar vil schantlichere ding inn sich halten dann der Thalmud / vnnd vnserm cristenlichen glauben gar vil widerwertiger sind dann der Thalmud. Noch dann so ist alle

ben sind. Denn in ihnen wird den Alchemisten vorgeschrieben, der Mann solle sich so lange unter die Frau legen, bis er durch Erhitzung kräftig genug ist, um auf die Frau zu steigen, obwohl eine solche Praktik durch das kaiserliche Recht streng und strikt bei Todesstrafe verboten ist, siehe Cod. 9.9.30 und 31. Und die Schüler lernen daher folgenden lateinischen Merkvers: »Dränge ihn unter sie und lass ihn nichts erkennen. Wenn sie den Hintern kreisen lässt, wird der fruchtbar, der sich unter der Frau aufrichtet. Wenn er ruhig daliegt, kämpft er und säumt nicht unter der Frau. Zu Kräften gekommen, erhebt er sich und nimmt sie rasch unter sich usw.« Das steht alles zusammen mit weiteren ungereimten Regeln und Verboten in der *Ars* des Arcturus geschrieben – also täte Eure Majestät ein gutes Werk darin, solche Bücher zu verbrennen. Und weiter, was kann man Närrischeres und Törichteres lesen, als dass einer behauptet und seine Anhänger lehrt, dass man aus dem Mond die Sonne machen könne und aus einem Mond viele Sonnen, desgleichen aus einem flüchtigen Knecht einen langsamen Merkur etc. Was könnte die Kaiserliche Majestät einem solchen Rindvieh oder Esel anderes antworten, als zu sagen: »Du bist ein einfältiger Mensch, den man eher verspotten sollte, als dass man ihm seinen Willen täte. Ich stelle fest und erkenne, dass du in dieser Wissenschaft nichts gelernt hast. Geh weg, ich will sie nicht verbrennen.« Da nun ein so kleingeistiger Kopf das Geheimnis einer Wissenschaft nicht erkennen und erfassen kann, ihrer daher nicht würdig ist und infolgedessen die Dinge anders versteht, als es sich eigentlich verhält, wollt Ihr etwa empfehlen, dass man solche Bücher verbrennen solle, weil sie ein ungelehrter Mann nicht richtig verstehen kann? Ich glaube wohl: nein. Deshalb sind uns die alten Dichter erhalten geblieben, die viele schändlichere Dinge enthalten als der Talmud und viel stärker gegen unseren christlichen Glauben verstoßen als der Talmud. Außerdem ist alle Philoso-

philosophy vß dem Homero dem ersten poeten ensprungen / wie wol er mit synen lüginen weder got noch der welt hat geschonet. Desselben bücher hat Alexander magnus by tag flyssigklich geleßen vnnd by nacht vnder seinen haupt pfilwe gelegt / wan er schlaffen gieng / als ainen quelbrunnen aller menschlichen vnd goͤtlichen kunsten. Der hailig Chrysostomus hat des gleichen den poeten Aristophanes alls für ainen griffel teglichs in seiner hand gehapt. vnd alle seine reden die er inn vnzalbar vil büchern geschriben hat nach im geformt vnd gespitzt / wie wol er ain haidescher poet vnd luͤgen dichter ist. Darumb sagt das hailig gaistlich recht dis. xxxvij in canone legimus / Wir leßen etliche ding vff das sie nit da hinden beleiben / wir leßen ettliche vff das wir doch auch ain wissen dar von gewinnen / wir leßen etliche nit das wir sie halten sunder das wir sie verwerffen / deßhalb der hailig Basilius ainen sundern tractat geschriben hat wie wir alle bücher lesen sollen vnd moͤgen / vns zuͤ sunderm nutz / mit der beschaidenhait wie ob stat. Vß denen allen gelerten vnd hailigen mannen vnsers cristenlichen glaubens beschirmern findt man nieman der ye begert oder [D iiii^{r}] gewünschet hab / das solliche hie ob angezaigte bücher soltten verbrent oder vndergetruckt werden / da mit vnsers lieben herrn Jesu cristi gebotten nach kommen würde / so er hat beuolhen Matthei xiij. das wir den ratten vnnd das vnkraut nit sollen vß rauffen / vff das wir mit sampt dem selben auch nit die gütte frucht verderben / sunder wir sollen es laßen steen biß zuͤ der ernd / wan aber die selbig ernd sei / erclert er dar nach nemlich alßo. Die ernd ist das vffhoͤren oder endtschafft der welt / so wirt der haus vatter das ist gott der herr selbs sagen zuͤ den schnitern. Rauffent mir zum ersten das vnkraut vß / vnd bindent mirs an büscheln das ichs verbrenn. Sehet zuͤ / das dannocht got nit wil den gantzen acker verbrennen vmb der ratten oder des vnkrauts willen / sunnder er will

phie aus Homer als dem ersten Dichter hervorgegangen, obwohl er mit seinen Lügen weder Gott noch die Welt geschont hat. Dessen Bücher hat Alexander der Große bei Tag eifrig gelesen und sie bei Nacht, wenn er schlafen ging, unter sein Kopfkissen gelegt als einen Quell aller menschlichen und göttlichen Wissenschaften. Der heilige Chrysostomos hat in gleicher Weise den Dichter Aristophanes wie einen Griffel täglich zur Hand gehabt und all seine Predigten, die er in unzähligen Büchern niedergeschrieben hat, nach ihm geformt und gestaltet, obwohl er ein heidnischer Poet und Lügendichter ist. Darum sagt das heilige geistliche Recht in D. 1.37.9: »Wir lesen zahlreiche Dinge, damit sie nicht verborgen bleiben; wir lesen zahlreiche Dinge, damit wir daraus Wissen gewinnen; wir lesen zahlreiche Dinge, nicht damit wir sie für wahr halten, sondern um sie zu verwerfen.« Deshalb hat der heilige Basilius einen eigenen Traktat geschrieben, der darlegt, wie wir alle Bücher unter Einsatz unseres Verstandes lesen sollen und können, um daraus in dem oben dargelegten Sinn Nutzen zu ziehen. Unter all den gelehrten und heiligen Männern, den Beschützern unseres christlichen Glaubens, findet man keinen, der je verlangt oder gewünscht hätte, dass solche oben genannten Bücher verbrannt oder beseitigt würden. Damit wird dem Gebot unseres lieben Herrn Jesus Christus Folge geleistet, der uns in Mt 13,39 befohlen hat, Kornraden und Unkraut nicht auszureißen, damit wir damit nicht zugleich die gute Frucht verdürben. Vielmehr sollten wir alles bis zur Ernte stehen lassen. Wann aber die Ernte stattfinde, erklärt er anschließend wie folgt: ›Ernte‹ meint hier das Aufhören oder das Ende der Welt. Dann wird der Hausvater, das ist Gott der Herr selbst, zu den Schnittern sagen: »Reißt mir zuerst das Unkraut aus und bindet es mir zu Büscheln, damit ich es verbrennen kann.« Beachtet, dass Gott demzufolge nicht den ganzen Acker verbrennen will um der Kornraden und des Unkrauts willen, sondern er

das man im allain das vnkraut aus leße / vnd an die büschel bind / die selben fagot oder bůͤscheln zůͤ verbrennen / dem volgt getrewlich nach die hailig cristenlich kirch inn den gaistlichen rechten in ca. Sancta romana ecclesia xv. distinc. da sie alle bücher beleiben laßt / das man sie schaw vnd probiere nach den worten des apostels Pauli i. ad thess. v. da er spricht. Jr moͤgen alle ding schawen vnd probieren / vnd was ir gůͤts dar inn befinden das behalttent. Wan aber wir sie verbrennen so kündten vnsere nachkommen nicht probiern / darumb verordnet die hailig cristenlich kirch das man die bücher Ruffini vnd Origenis haltten sol / vß genommen an den ortten vnd stucken da sie von sanct Hieronymus verworffen sind etc. by dem kan man wol verston das vnser můͤter die hailig cristenlich kirch kain buch wil verbrennen / da vnder den gůͤtten etwas boͤß in stat / wol ist war. Ob man ain buch fünde das gantz boͤß were / vnd daruß gar nichtz gůͤttz kommen moͤchte / wan es dan inn vnserm gewalt vnnd oberkait stůͤnd oder were / so moͤchten wir dasselbig mit vrtail vnd recht abthon / vnd verbrennen wie recht were / als der ketzer bücher die vnder der cristenlichen kirchen oberkait vnd gerichts zwang / vnd von vnserm gemainen glauben gefallen sind / so die ettwas schriben oder mechten den glauben betreffend / wider satzung vnd ordnung der hailigen concilien vnd der obersten haupter der cristenhait / das selbig moͤcht man durch ain vrtail oder decret abthon / gleich als geschehen ist inn der verurtailten vnnd verdamptenn sach des ketzers Eutyches genannt vnnd Nestorius vnnd ir anhennger / die inn dem Concilio zůͤ [D iiii^{v}] chalcedone gehaltten / vnd ephesino v. verdampt vnd abgeton was / da gebott der roͤmisch kaiser als ain executor vnnd volstrecker der sam-

will, dass man für ihn lediglich das Unkraut zusammentrage und zu Büscheln binde, um diese Bündel oder Büschel später zu verbrennen. Dem entspricht getreulich die heilige christliche Kirche im geistlichen Recht in D. 1.15.3, wenn sie alle Bücher unangetastet lässt, damit man sie sichte und prüfe gemäß den Worten des Apostels Paulus in 1 Thess 5,21, wo er spricht: »Ihr sollt alle Dinge sichten und prüfen, und was ihr Gutes darin findet, das behaltet.« Wenn wir sie aber verbrennten, so könnten unsere Nachkommen sie nicht prüfen. Darum ordnet die heilige christliche Kirche an, dass man die Bücher von Rufinus und Origenes behalten solle mit Ausnahme der Stellen und Passagen, die vom heiligen Hieronymus verworfen worden sind usw. Das ist wohl so zu verstehen, dass unsere Mutter, die heilige christliche Kirche, kein Buch verbrennen lässt, wenn unter dem Guten etwas Böses steht. Wahr ist aber auch: Wenn man ein Buch fände, das ganz schlecht wäre, und daraus gar nichts Gutes kommen könnte und dieses Buch in unserem Macht- und Herrschaftsbereich läge oder wäre, so sollten wir dieses Buch mit einem entsprechenden Urteil und gemäß dem Recht vernichten und verbrennen, wie es richtig wäre. So wie im Falle der Bücher von Ketzern, die unter der Herrschaft und Gerichtsbarkeit der christlichen Kirche stehen und von unserem rechten Glauben abgefallen sind. Wenn jene etwas schrieben oder herausbrächten, was den Glauben betrifft und gegen die Satzungen und Verordnungen der heiligen Konzilien und der obersten Häupter der Christenheit verstößt, so sollte man jene Schrift durch ein Urteil oder Dekret verbieten, genau so, wie es geschehen ist in der Angelegenheit eines verurteilten und verdammten Ketzers namens Eutyches und dem Fall des Nestorius sowie ihrer Anhänger, welche auf dem Konzil zu Chalkedon und im fünften Kanon des Konzils zu Ephesus verdammt und vernichtet worden sind. Darauf gebot der römische Kaiser als exekutive Gewalt und Vollstrecker der Ver-

lung vnd concilien den cristenlichen kirchen das man sollich ketzer bücher wider das chalcedonisch vnd ephesinesch concilium geschriben vnd gemacht verbrennen solt. l. quicumque. §. Nulli etiam et. l. damnato. C. de heret. et manich. Das hat aber ain ander vrsach vnd ainen andern handel vnd ist disem nichtz gleich / dan die ketzer durch den tauff vnd andere sacramenten so sie empfangen haben / sind sie vnderworffen der cristenlichen kirchen / vnd in den dingen den glauben antreffend ist sunst nieman ir richter dan der bapst vnd die gaistlichen vnsers glaubens. c. vt inquisitionis. §. prohibemus de heret. li. vi. Aber die iuden inn den dingen die iren glauben antreffen / sindt sie allain inen selbst vnd sußt kainem richter vnderworffen / sol auch darüber kain crist moͤgen erkennen / es were dan incidenter in ainem laijschen handel zum rechten in vßzugs wyß yngebracht. l. iudei et in Bart. C. de iudeis. Dan sie sind kain glid der cristenlichen kirchen vnd gat vns ir glaub nichtz an / glo. penul. in cle. i. de vsur. das schreibt vnns der hailig apostel Paulus i. ad Corin. v. als er spricht. Was gat es mich an die leüt so vserthalb sind zuͤ richten / ist üch nit gnuͤg das ir die so vnder vns sind moͤgen richten / die leüt so nit von vns sunder vßerthalb sind wirt got richten / hec ille. So vil sei gesagt von dem Thalmud das er nit zuͤ vndertrucken noch zuͤ verbrennen sy.

Nun vff die dritt vßtailung der iüdischen bücher betreffennd die hohe haimlichait der reden vnd woͤrter gottes cabala genant / moͤcht ich gar leichtlich vil sagen hin vnd her wider / dan vnßer hailigster vatter bapst Jnnocentius octauus hat diese materi der Cabalischen bücher durch vil hochgelerter bischoffen vnd doctores vor xx. iarn laßen ermessen vnd bewegen wider den wolgebornen vnd hochgelerten herrn graff Johansen Picus

sammlungen und Konzilien den christlichen Kirchen, dass man derartige häretische Bücher, welche gegen die Konzilien von Chalkedon und Ephesus geschrieben und verfertigt worden waren, verbrennen möge, siehe Cod. 1.5.8.9 und Cod. 1.5.6. Dieses Vorgehen hat aber eine andere Ursache und betrifft eine andere Angelegenheit und ist daher mit dem vorliegenden Fall nicht vergleichbar, denn die Ketzer sind durch die Taufe und andere Sakramente, die sie empfangen haben, der christlichen Kirche unterworfen, und in Dingen, die den Glauben betreffen, ist niemand ihr Richter außer dem Papst und den Geistlichen unseres Glaubens, siehe VI 5.2.18. Dagegen sind die Juden in den Dingen, die ihren Glauben betreffen, allein sich selbst und sonst keinem Richter unterworfen, weshalb auch darüber kein Christ entscheiden soll, es sei denn fallweise in einem weltlichen Prozess, der durch eine förmliche Anzeige bei Gericht zustande gekommen ist, siehe Cod. 1.9.8 und dazu Bartolus. Denn die Juden sind kein Glied der christlichen Kirche, und ihr Glauben geht uns daher nichts an, so die vorletzte Glosse zu Clem. 5.5.1. Das schreibt uns der heilige Apostel Paulus in 1 Kor 5,12–13, wo er spricht: »Was geht es mich an, die Menschen, die außerhalb stehen, zu richten. Ist es euch nicht genug, diejenigen richten zu können, die zu uns gehören? Die Menschen, die nicht zu uns gehören, sondern außerhalb stehen, wird Gott richten.« So viel sei darüber gesagt, dass der Talmud weder zu unterdrücken noch zu verbrennen sei.

Zu der dritten Kategorie der jüdischen Bücher, die das große Geheimnis der Aussagen und Worte Gottes, Kabbala genannt, betreffen, könnte ich nun leicht viel für und wider sagen. Denn unser heiligster Vater Innozenz VIII. hat die Sache der kabbalistischen Bücher durch viele hochgelehrte Bischöfe und Doktoren vor zwanzig Jahren prüfen und begutachten lassen im Prozess gegen den adligen und hochgelehrten Herrn, den inzwischen verstorbenen Grafen Giovanni Pico della Mirandola,

von Mirandula seeliger gedechtnus / der sich zůͤ Rom der selben zeit zůͤ disputiern erboten vnd offenlich vff geschlagen hett vnder andern fürtregen vnd conclusiones auch diße / nemlich / Es ist kain kunst die vns mer gewiß macht von der gothait Cristi dan Magia vnd Cabala / dar wider aber die maister der hailigen schrifft vil redten vnd schriben / wie wol sie grüntlich nit wisßten was doch Cabala für ain tiere were. Doch so satzt der genant graff desselben mals sein ynred in ir sagen mit großer ver[D v^{r}]nunfft / vff das tet sein nachred doctor Peter garisia bischoff zůͤ Vsseln mit ainem buch das er zůͤ bapst Jnnocentio wider den selben graffen geschriben hat. Vnd zůͤ letst als Jnnocentius gestorben was / kam bapst Alexander sextus der gab inn beuelch vil hochgelerten cardinaln / bischoffen vnd dem magistro palatij mit fleiß über baider ietzgemelten parthyen bücher reden vnnd wider reden zůͤ sitzen / also hat sein hailigkait durch iren flyß erfunden das graff Johanns obgemelt gůͤtten fůͤg seins schreibens vnd lernens inn Cabalischen büchern gehabt hat / vnd des halb sein bůch Apologia genant durch ain breue apostolicum bestettet anno domini 1493 / darin er die bücher der Cabala durchgründt / vnd sagt das die selben bücher dero by den lxx moͤgen sein / nit allain des hailigen Moises gaistlichait sunder auch vnsers cristenlichen glaubes grundt vnd warhait anzaigen / vnd das bapst Sixtus der vierd hab beuolhen die selben cabalischen bücher in latinische sprach zůͤ transferirn vnd zůͤ tolmetschen / vnserm glauben zůͤ sunderm nutz / der selben bißher allain dreü zůͤ latinischer zungen kommen sind. Vß dem allem vnd auch vß dem das ich ains tails die bücher cabala geleßen hab / moͤcht ich zůͤ dißem ratschlag dar für vnd dar wider nach der lenge disputiern. Aber die weil

der sich damals bereiterklärt hatte, in Rom eine Disputation abzuhalten, und dafür unter anderen Thesen und Schlussfolgerungen auch diese hat öffentlich anschlagen lassen: »Es gibt keine Wissenschaft, die uns größere Gewissheit verschafft in Bezug auf die Gottheit Christi als Magie und Kabbala.« Gegen diese These sagten und schrieben jedoch die Theologen viel, obwohl sie nicht wirklich wussten, was diese ›Kabbala‹ für ein Tier sei. Doch der besagte Graf veröffentlichte eine mit großer Vernunft verfasste Widerlegung gegen ihre Darlegungen. Darauf erwiderte Doktor Petrus Garcia, Bischof zu Ales, mit einem Buch, das er gegen jenen Grafen geschrieben und Papst Innozenz VIII. gewidmet hatte. Und als schließlich Innozenz gestorben war, folgte ihm Papst Alexander VI., der vielen hochgelehrten Kardinälen, Bischöfen und dem Magister palatii befahl, gründlich über die Bücher, Darlegungen und Gegenschriften beider Parteien zu beraten. Auf diese Weise hat seine Heiligkeit nach sorgfältiger Prüfung befunden, dass der oben genannte Graf Giovanni Pico gute Gründe für seine diesbezüglichen Schriften und seine Studien in den kabbalistischen Büchern hatte, weshalb sein Buch mit dem Titel *Apologia* durch ein apostolisches Breve im Jahre 1493 approbiert wurde. In diesem Werk erforscht er die Bücher der Kabbala gründlich und sagt, dass diese Bücher, derer es etwa 70 gebe, nicht nur den tiefen Geist des heiligen Moses, sondern auch den Grund und die Wahrheit unseres christlichen Glaubens erweisen. Außerdem legt er dar, dass Papst Sixtus IV. befohlen habe, die kabbalistischen Bücher in die lateinische Sprache zu übertragen und zu übersetzen zum besonderen Nutzen unseres Glaubens. Bisher sind lediglich drei dieser Werke in lateinischer Sprache herausgekommen. Aufgrund all dessen und auch weil ich selbst einen Teil der kabbalistischen Bücher gelesen habe, wünschte ich, ich könnte zu diesem Punkt meines Gutachtens ausführlicher das Für und Wider diskutieren. Doch weil man von dem

man vß dem obgemelten graffen von Mirandula nemlich durch sein buch das er nennet apologia das von bapst Alexander bestetet ist / wol mag verstan / das die bücher der Cabala nit allain vnschedlich sind / sunder auch am hoͤchsten nützlich vnserm cristenlichen glauben / vnd sie bapst Sixt der vierd zuͤ nutz vns cristen hat bestelt inn latin zuͤ transferirn. So ist mir gnuͤg das ich daruß beschlies das sollichen cabalisten bücher nit sollent noch von rechts wegen moͤgen vndergetruckt noch verbrent werden. Das aber dis stucks halb mein ratschlag gegründt sei / so allegier ich hie mit das drit buch Esdre / als wir das in vnser bibel leßen inn dem xiiij. capitel von den lxx. büchern vß dem mund gottes angeben / die nit yederman sol verston.

Fürter zuͤ der vierden vßtailung der iuden buͤcher zuͤ gryffen dar inn commenten vnd gloßen über die bibel gezelet werden / ist mein rat / das die nit sollent noch von rechts wegen moͤgent vndertruckt noch verbrent werden / vß der vrsach. Dann sie sagent wie ain yegklich wort inn der bibel nach aigenntschafft irer sprach sol verstanden werden / als Abraham aben Ezra vnd Moyses ben gebirol / vnd rabi [D v^{v}] Dauid kimhi die all nach der grammatick die woͤrter vß legent / die kan man als wenig verbrennen als Priscianum / Cornucopia / Seruium vnd Donatum inn latinischer sprach. Also sind die commentatores vnd vß leger des texts rabi Salomon / rabi Moyses gerundensis / Rabi leui ben gersom der do wirt genennt magister Leo de banolis / die zwen maister vatter vnnd sune rabi Joseph vnd rabi Dauid baid kimhi sein bruͤder Moyses kimhi vnd andere der gleichen die das alt testament von wort zu wort vß legen nach aigenschaft der hebraischen sprach / wie Eustathius über den Homerum / vnd Theon über Ptolemeum vnd andere commen-

genannten Grafen von Mirandola, nämlich durch sein Buch, das er *Apologia* nennt, welches von Papst Alexander approbiert worden ist, gut erfahren kann, dass die Bücher der Kabbala nicht nur unschädlich, sondern auch unserem christlichen Glauben hochgradig nützlich sind, und sie Papst Sixtus IV. zum Nutzen von uns Christen ins Lateinische hat übertragen lassen, deshalb begnüge ich mich damit, auf dieser Grundlage zu schlussfolgern, dass solche kabbalistischen Bücher nicht von Rechts wegen unterdrückt oder verbrannt werden sollen. Damit aber diesbezüglich mein Gutachten wohlbegründet sei, verweise ich hiermit auf das dritte Buch Esra, in dem wir in unserer Bibel im vierzehnten Kapitel [richtig: 4 Esr 14,42–47] von den 70 Büchern lesen, die, gegeben durch den Mund Gottes, nicht jeder verstehen soll.

Ferner, um auf die vierte Kategorie der jüdischen Bücher einzugehen, worunter Kommentare und Glossen über die Bibel gezählt werden, ist mein Rat, dass diese nicht von Rechts wegen unterdrückt oder verbrannt werden sollten, und zwar aus folgendem Grund: Denn sie legen dar, wie ein jedes Wort in der Bibel gemäß der Eigenart ihrer Sprache verstanden werden soll, so beispielsweise Abraham ibn Ezra, Moses ibn Gabirol und Rabbi David Kimchi, die alle die Wörter grammatikalisch auslegten. Diese kann man ebenso wenig verbrennen wie Priscian, die *Cornucopia*, Servius und Donat in lateinischer Sprache. Ebenso gibt es Kommentatoren und Interpreten des Textes wie Rabbi Salomon, Rabbi Moses Nachmanides aus Girona, Rabbi Levi ben Gershon, der Magister Leo de Banolis genannt wird, die beiden Meister Rabbi Josef und Rabbi David Kimchi, Vater und Sohn, sowie dessen Bruder Moses Kimchi und andere mehr, die das Alte Testament Wort für Wort auslegten gemäß der Eigenart der hebräischen Sprache, so wie Eustathios über Homer und Theon über Ptolemäus schreiben und andere Kommentare. Ich sage außerdem und habe dafür

ten. Jch sag auch vnd hab des meinen anseger das sich vnsere doctores vnd lerer der hailigen schrift zu verstentnus des texts inn der bibel seer vnd fast sollicher commenten glosen vnd vßlegungen muͤssent gebrauchen / woͤllent sie vor anfechtung fremds glaubens wol beston / dan das hailig gaistlich recht sagt. c. ut veterum librorum dis. ix. das der glaub der altten bücher muͤß durch die hebraisch geschrifft gehandt habt werden / vnd wan die woͤrter vnd reden rabi Salomonis der über die bibel geschriben hat vß vnserm Nicolao de lyra der auch über die bibel geschriben hat / cantzeliert vnd aus gethon wern / so woͤlt ich das überig so der selb Nicolaus de lyra vß seinem aigen haupt über die bibel gemacht hette gar inn wenig bletter comprehendiern vnd begreiffen / sollich commentarien kan vnd mag die cristenlich kirch nit von handen lasen / dan sie behaltten die hebraische sprach inn der aigenschafft übung / dero die hailig schrifft nit kan mangeln besunder im alten testament / Gleich als wir nit künden noch moͤgen der griechischen sprach vnd irer grammaticken vnnd commentarien inn dem newen testament mangeln vnnd embern / wie das yetzt gemelt gaistlich recht Vt veterum aus weiset. Dann ich will das mit vrlaub vnnd züchten geredt haben / das man inn vnßerm cristenlichen glauben gar vil doctores findt die do mangel halb der zwaier sprachen die hailgen geschrifft nit recht aus legen / vnnd werden gar dick zuͤ spott darab / darumb soll mann die commentarios vnnd gloßen der menschen die ir sprach von iugent vff wol gelernt haben kains wegs vndertrucken / sunder wa die seien zuͤ handen bringen / vff pflantzen vnd inn guͤtten eern haltten / als brunnen daraus die recht warhait der [D vi^r] sprachen vnd verstentnus der hailigen schrifft fleüßt / des halb spricht das gaistlich recht in ca. ieiunium lxxvi. distinc. Vil der vnnsern haben vil gesagt das anander wider ist / darumb wir genoͤtt vnnd gezwungen werden zuͤ den iuden ze lauffen vnnd die warhait der

einen Gewährsmann, dass unsere Doktoren und Lehrer der Heiligen Schrift zum Verständnis des Bibeltextes intensiv und beharrlich solche Kommentare, Glossen und Auslegungen gebrauchen sollten, wenn sie vor der Herausforderung des fremden Glaubens bestehen wollten, denn das heilige kanonische Recht sagt in D. 1.9.6, dass die Glaubenslehre der alten Bücher vermittels der hebräischen Schrift behandelt werden muss. Und wenn die Wörter und Darlegungen Rabbi Salomons, der über die Bibel geschrieben hat, aus dem Werk unseres Nikolaus von Lyra, der auch über die Bibel geschrieben hat, getilgt und ausgesondert werden, so könnte ich das Übriggebliebene, welches Nikolaus von Lyra aus seinem eigenen Kopf über die Bibel ausgeführt hat, auf wenigen Seiten zusammenfassen und festhalten. Auf solche Kommentare kann und soll die christliche Kirche nicht verzichten, denn sie wissen vom eigentlichen Gebrauch der hebräischen Sprache, derer die Heilige Schrift und insbesondere das Alte Testament nicht ermangeln kann, so wie wir der griechischen Sprache und ihrer Grammatiken und Kommentare im Neuen Testament nicht entbehren können, wie die eben genannte Stelle des kanonischen Rechts darlegt. Denn ich will mit Verlaub und gebotener Zurückhaltung sagen, dass man in unserem christlichen Glauben viele Doktoren findet, die aufgrund mangelhafter Beherrschung der beiden Sprachen die Heilige Schrift nicht richtig auslegen und deshalb viel Spott auf sich ziehen. Deshalb soll man die Kommentare und Glossen der Menschen, die ihre Muttersprache von Jugend auf richtig erlernt haben, keineswegs unterdrücken, sondern, wo immer sie vorhanden sind, zugänglich machen, pflegen und als Quelle in hohen Ehren halten, aus der die reine Wahrheit der Sprachen und das Verständnis der Heiligen Schrift fließt. Deshalb sagt das kanonische Recht in D. 1.76.7: »Viele der Unseren haben vieles gesagt, das sich widerspricht, weshalb wir genötigt und gezwungen sind, zu den Juden zu gehen

kunst vil mer aus dem brunnen dan aus den ab flüssen zesuͤchen / hec ille. Moͤcht ainer sagen / ich will mich vnserer commenten wol behelffen / was bedarff ich der iuden / dem selben mag auch geanntwurt werden / wer sich behelffen muͤß der hat nit vil überigs / als da sich ainer im winter mit hosen deckt. Wan man aber bedencken will das vnsere commentarien gar dick vnderstanden die schrifften aus zelegen die sie selber nit verstannden / so kan sich ain liebhaber der warhait daran nit lassen benuͤgen. Der hoͤchste lerer sanct Hilarius hat über die hailge geschrifft commenten oder commentarios gemacht / von der gantzen cristenlichen kirchen gelobt / vnnd angenommen / aber er felet dick inn der auslegung der woͤrtter / mangel halb der hebraischen sprach / die er nit gekündt hat / vnd die griechesch sprach hat in allain angeweet oder an geblasen / als sanct Hieronymus schribt in epistola ad Marcellam de psal. cxxvi. et in epistola ad Damasum de Osanna / des gleichen inn vil andern / das dan aus meinen buͤchern die ich de Rudimentis hebraicis geschriben hab wol mag verstannden werden.

Weiter von iren predig büchern vnnd disputationes auch breuir / gesanng büchern ordnung irer cerimonien / sitten vnd andacht. Was soll ich reden annders dann die loblichen kayser vnnd gaistlichen bapste dar von geredt vnnd gesetzt haben / das mann sie inn iren Synagogen / cerimonien / ritus / gewonhaitten / sitten vnd andachten rüwigklichen sol beleiben lassen / besunder wan sie vns nit wider recht thuͤnd / vnnd vnsere cristenliche kirchen offenlich nitt verachten. Dann die cristenlich kirch hat sunst nichtz mit inen zuͤ schaffen / ausserhalb der neun stucken so die glos anzaigt. c. iudei extra de iudeis. Darumb so ist mein mainung das mann inen solliche ob gedachte bücher von rechts wegen nit sol nemmen / abthon noch ver-

und die Wahrheit der Wissenschaft viel eher an der Quelle als in den Abflüssen zu suchen.« Es mag jemand sagen: »Ich will mich mit unseren Kommentaren gerne behelfen. Was bedarf ich der Juden?« Demjenigen könnte man antworten: »Wer sich behelfen muss, der hat nicht viel übrig, so wie einer, der im Winter nur eine Hose anzuziehen hat.« Wenn man aber berücksichtigen will, dass unsere Kommentare sich sehr häufig angemaßt haben, die Schriften auszulegen, die sie selbst nicht verstanden haben, so kann sich ein Liebhaber der Wahrheit damit nicht begnügen. Der große Lehrer Sankt Hilarius hat Erläuterungen und Kommentare über die Heilige Schrift verfasst, welche von der ganzen christlichen Kirche gelobt und angenommen worden sind, doch er begeht in der Deutung der Wörter viele Fehler in Ermangelung der hebräischen Sprache, die er nicht beherrscht hat. Und die griechische Sprache hat ihn lediglich angeweht oder angeblasen, wie Sankt Hieronymus im Brief an Marcella über Ps 126 und im Brief an Damasus über das »Hosanna« schreibt und ebenso an vielen anderen Stellen, wie man aus meinen Büchern *De rudimentis hebraicis* (*Über die Grundlagen der hebräischen Sprache*) gut ersehen kann.

Ferner zu ihren Predigtbüchern und Disputationsschriften, ihren Brevieren, Gesangbüchern, Ordnungen für ihre Zeremonien, Gebräuchen und Andachten. Was soll ich diesbezüglich anderes sagen, als die ruhmreichen Kaiser und geistlichen Päpste darüber gesagt und festgelegt haben, nämlich dass man sie in ihren Synagogen, Zeremonien, Riten, Gewohnheiten, Gebräuchen und Andachten ungestört lassen soll, insbesondere wenn sie uns nicht Unrecht zufügen und unsere christliche Kirche öffentlich nicht verachten. Denn die christliche Kirche hat sonst nichts mit ihnen zu schaffen mit Ausnahme der neun Fälle, welche die Glosse zu X 5.6.5 anzeigt. Daher ist meine Meinung, dass man ihnen solche oben erwähnten Bücher von Rechts wegen nicht fortnehmen, sie beseitigen oder verbren-

brennen. c. Consuluit extra de iudeis et. l. iudeos. C. eo. ti. Es wernn dann schmachbücher oder verbotten künste. [D vi[v]]

Zůͤ letst der bücher halb so die philosophi vnd die freien natürlichen oder andere künsten berůͤrent / das in der vßtailung der iuden bücher ob angezaigt das sechste tail geweßen ist / Sag ich das es mit den selben gehaltten sol werden / wie es mit den künsten gehalten wirtt die griechesch oͤder latinisch oder teutsch geschriben wern / welche künsten nit verbotten sind die laßt man beleiben. Würden aber iuden bücher her für gebracht die do lerten oder vnderwißen verbottene künsten / als zauberei / vnholden werck oder hexen werck / wann sie dan dienen moͤchten den menschen zůͤ schaden so moͤcht man sie als fiend der natur abthůͤn zerreissen vnd verbrennen. l. cetere. ff. famil. hercis. Würden aber sollich hexenbücher allain zůͤ nütz vnd menschlichem leben zůͤ gůͤtt vnnd zůͤ kainem schaden dienen / so soltte man sie dannocht nit verbrennen noch abthon / tenet Azo. in summa. C. de malefi. et mathemat. circa fi. fa. l. eorum. C. eo. ti. et in Bart. Vß genommen bücher vom schatz graben. l. j. C. de thesaur. li. x.

Also hat ewr fürstlich gnad vff kaißerlicher maiestat frag myn antwurtt / daruß zůͤ verstond ist / das es mich weder goͤttlich loblich noch dem hailigen cristglauben nützlich noch zůͤ merung gots dienst fürderlich bedunckt sein wa man den iuden ire bücher woͤllt ab reissen vndertrucken oder verbrennen / hindan gesetzt vnd vßgenommen schmachbücher die man nennt libellos famosos vnnd verbotten künsten allen menschen schedlich vnnd vnleidenlich wie ob stat. Dan die iuden sind vnsere Capsarij librarij vnnd bibliothecarij die sollich bücher behalttenn darauß wir vnnßers glaubens zeugknus moͤgen stellen / wie das spricht der cristenlich lerer sanctus Thomas ad Romanos capitulo ix. lect. ij. super verbo. Maior seruiet minori.

nen soll, siehe X 5.6.7 und Cod. 1.9.11. Es sei denn, es handelt sich um Schmähschriften oder verbotene Wissenschaften.

Zuletzt zu den Büchern, welche die Philosophie und die freien Künste, die Naturkunde oder andere Wissenschaften betreffen, welche in der oben vorgenommenen Unterteilung der jüdischen Bücher die sechste Kategorie gebildet haben. Dazu sage ich, dass mit ihnen so verfahren werden soll, wie mit den Wissenschaften verfahren wird, deren Werke auf Griechisch, Lateinisch oder Deutsch geschrieben sind: Die Lehren, die nicht verboten sind, lässt man bestehen. Würden aber jüdische Bücher vorgelegt, die verbotene Künste wie Zauberei, Teufelswerk oder Hexenwerk lehrten oder unterrichteten, so sollten sie, wenn sie dazu dienen könnten, den Menschen zu schaden, als Feinde der natürlichen Ordnung beseitigt, zerrissen und verbrannt werden, siehe Dig. 10.2.4. Sollten aber derartige Hexenbücher nur Nutzen bringen und dem menschlichen Leben Gutes und niemandem Schaden bereiten, so sollte man sie gleichwohl nicht verbrennen oder beseitigen, siehe die Glossen von Azo und Bartolus zu Cod. 9.18.4. Ausgenommen seien nur Bücher über das Graben nach Schätzen, siehe Cod. 10.15.1.

Damit hat Eure fürstliche Gnaden auf die Frage Seiner Kaiserlichen Majestät meine Antwort, der zu entnehmen ist, dass ich es weder für ein Lob Gottes noch für den heiligen christlichen Glauben als nützlich noch für die Stärkung des Gottesdienstes als förderlich erachte, den Juden ihre Bücher entreißen, unterdrücken oder verbrennen zu wollen, unter Absehung und mit Ausnahme von Schmähschriften, die man auch Spottschriften nennt, und verbotenen Künsten, die für alle Menschen schädlich und unerträglich sind, wie oben dargelegt wurde. Denn die Juden sind unsere Kapselträger, Buchhändler und Bibliothekare, die solche Bücher besitzen, aus denen wir ein Zeugnis unseres Glaubens erstellen können, wie der christliche Lehrer, der heilige Thomas von Aquin, in seinem Kommentar zu Röm 9,2 sagt.

Wider dise mein mainung bedunckent mich nit crefftigklich fechten die argumenten vnd vrsachen im anfang dar gegen angezogen / Zum ersten das die iuden ire bücher haben wider die cristen gemacht / wie wol es an ettlichen felet / die vor cristus geburt wie ob gelut auch die in andern faculteten gemacht sind / noch dan ob sie alle wider vns wern / so sollt man sie darumb nit verbrennen / Dan die iuden habent ire bücher inen selbs zůͤ gůͤtt / vnnd zůͤ beschirmung irs glaubens gemacht / ob sie angefochten würden von yemants er sei haid / datter soldanisch oder crist / vnd sußt nieman zůͤ laid schand oder schaden / [D vii^{r}] Des ist sich zůͤ vermůͤtten vß dem das sie inn clainer zal vnder uns sitzen vnd mer berait sind zůͤ dienen dan den leütten schaden zůͤ ton / Also sagt das gaistlich recht xxiij. q. ult. c. dispar. Darumb ist nit zůͤ vermůͤtten noch zůͤ achten das sie die bücher wider vns sunder allain für sich geschriben haben. Vnnd mag wol sein das ich ettwas mir zůͤ gůͤt thůͤ / das doch wider dich vnd dir laid ist / vnd thůͤ danocht nit wider dich / dan du magst es mir im rechten nit zůͤ argem vff nemmen. l. i. §. Denique. Marcellus. ff. de aqua. plu. arc. Jch zel aber die iuden hetten ire bůͤcher mit fürsatz vns zůͤ wider geschriben / das ich doch nit main / bedo̊ͤrfft auch wol ains gůͤtten bybringens / danocht mo̊ͤcht ainer sye wo̊ͤllenn entschuldigen das sy sollichs nieman zůͤ schmach sunder inen zůͤ ainer widerwere gethon hetten. Dan die weil wir sy alle iar ierlichs inn vnsern kirchenn am karfreitag offenlich scheltten perfidos iudeos / das ist glaubruchig iuden / vnd nach rechtem teutsch die weder trawen noch glauben halten. So mo̊ͤchter sy daruff vnder inen sagen nach innhaltung der recht also. Sie liegen vns an / wir hond vnßern glauben nie gebrochen. iuxta. determinata Panor. in. c. Cum te extra. de sen. et re iudi. ix. col. ibi. Ego vero distin-

Ich glaube nicht, dass die am Beginn dieser Schrift angeführten gegnerischen Argumente und Gründe gegen meine Meinung viel ausrichten können. Erstens dass die Juden ihre Bücher gegen die Christen geschrieben haben, obwohl dieses Argument gegen diejenigen nicht greift, die, wie oben ausgeführt, vor Christi Geburt oder in anderen Disziplinen verfasst worden sind. Und auch dann, wenn sie alle gegen uns wären, sollte man sie deswegen nicht verbrennen. Denn die Juden haben ihre Bücher zu ihrem eigenen Vorteil und zum Schutz ihres Glaubens verfasst, falls sie von jemandem angegriffen würden, sei er Heide, Tatar, Türke oder Christ, und diese Schriften sind sonst niemandem zu Leid, Schande oder Schaden. Das kann man deshalb annehmen, weil sie in kleiner Zahl unter uns leben und eher bereit sind, zu dienen als den Menschen Schaden zuzufügen. Das sagt auch das kanonische Recht, siehe D. 11.23.8.11. Daher ist weder zu vermuten noch anzunehmen, dass sie die Bücher gegen uns, sondern allein für sich geschrieben haben. Und es kann wohl sein, dass ich etwas zu meinem Vorteil tue, das doch gegen dich und dir zu Leide ist, ich aber doch nicht gegen dich handle. In diesem Fall sollst du es mir vor Gericht nicht zum Nachteil anrechnen, siehe Dig. 39.3.1.12. Nähme ich aber an, die Juden hätten ihre Bücher vorsätzlich gegen uns geschrieben – eine Annahme, die ich nicht vertrete und die zudem eines guten Grundes bedürfte –, so könnte man sie damit entschuldigen wollen, dass sie so etwas nicht getan hätten, um jemanden zu schmähen, sondern um sich zu verteidigen. Denn wir beschimpfen sie alljährlich in unseren Kirchen am Karfreitag öffentlich als ›perfidos iudeos‹, das heißt ›treulose Juden‹ und auf gut Deutsch ›diejenigen, die weder Treu noch Glauben bewahren‹. Also könnten sie daraufhin untereinander unter Beachtung des Rechts Folgendes sagen: »Sie verleumden uns, wir haben unseren Glauben nie gebrochen«, gemäß den Bestimmungen des Panormitanus zu X 2.27.23. Was

guo. Was sy nun reden moͤchten das moͤchten sy auch mit merern vnd clerern wortten schreiben / sich gegen den iren zuͤ entschuldigen / dan als Aristoteles spricht peri hermenias. Die schrifft ist ain zaichenn der wort / darumb das argument an im selbs nichts ist so ainer woͤlt sprechen. Man soll die iudenbuͤcher verbrennen / dan sy sind wider vns geschriben / mann sicht das die cristenlich kirch andere buͤcher nit verbrent die mit vff satz vnd stracks mit vff geworffen tittel wider vns geschriben sind / vns dar mit an rucken zuͤ werffen / alls die buͤcher Porphyrij Celsi Juliani apostate vnd ander.

Zum andern argument als man sagen moͤcht / das solliche buͤcher schmehen Jesum / Mariam vnd die zwelffbotten / auch vns vnd vnser cristenlich ordnung. Das argument vnd die vrsach were heftig / darumb ich über solliche bücher wa man die fünde mein verurtailung am ersten gesetzt hab / ich hab aber dero kains nie weder gesehen noch geleßen / dan zwai nemlich Nizahon vnd Tholduth ieschu ha nozri. Jnn den anndern bücher die ich bißher gesehen oder gelesen hab find ich kainen schmach. Dan was den glauben antrifft / da haltten sie dar fur ir glaub sei gerecht vnd der vnßer sei vngerecht. [D vii^{v}] Mann findt wol ettlich iuden die do mainen ain yegklich nacion moͤg inn seinem glauben behaltten werden / vnnd wie vnns die gebott Moysi nit binden / also seienn sie den gebotten Jesu nit vnderwürffig / sunder sie seien schuldig Moyses gebott zuͤ halten / dann got hab sie inen geben vnd sußt niemant / so seien wir Jesus gebot schuldig zuͤ halten / dann got hab die vnns geben. Darumb alles das sie schreiben dar zuͤ dienende das Jesus kain got sei / vnd alles das dar aus volgt das ist ir glaub / vnd woͤllent dar mit nieman geschmecht haben. Vnnd das hat die cristenlich kirch also by den xiiij. hundert iar gelitten / vnd gedult / vnd hat es nie für kainen schmach angenommen. c. con-

sie nun sagen könnten, das könnten sie auch ausführlicher und klarer schreiben, um sich gegenüber den Ihren zu entschuldigen. Denn wie Aristoteles in *Peri hermeneias* spricht: »Die Schrift ist ein Zeichen der Worte.« Deshalb ist das Argument in sich nichtig, wenn einer sagen wollte: »Man soll die jüdischen Bücher verbrennen, denn sie sind gegen uns geschrieben.« Es ist offenkundig, dass die christliche Kirche andere Bücher nicht verbrennt, die mit Vorsatz und eindeutig aufgrund ihrer Titel gegen uns geschrieben wurden, um uns damit auf den Rücken zu werfen, wie die Bücher des Porphyrios, des Kelsos, des Julian Apostata und anderer.

Zum zweiten Argument, wonach man sagen könnte, dass solche Bücher Jesus, Maria und die Apostel sowie uns und unsere christliche Ordnung schmähten. Das Argument und dieser Grund wären stark, weshalb ich solche Bücher, wenn man sie denn fände, an erster Stelle verurteilt habe. Ich habe aber nie ein solches Buch gesehen oder gelesen mit Ausnahme von zwei Werken, nämlich *Nizzahon* und *Toledot Jeschu ha nozri*. In den anderen Büchern, die ich bislang gesehen oder gelesen habe, finde ich keine Schmähung. Denn was den Glauben betrifft, sind sie der Überzeugung, ihr Glauben sei richtig und der unsere unrichtig. Man findet wohl einige Juden, die meinen, jedes Volk möge in seinem Glauben gelassen werden. So wie uns die Gebote Moses nicht bänden, so seien sie nicht den Geboten Jesu unterworfen, sondern sie seien verpflichtet, die Gebote Moses zu befolgen, denn Gott habe sie ihnen gegeben und sonst niemandem. Ebenso seien wir verpflichtet, die Gebote Jesu zu befolgen, denn Gott habe sie uns gegeben. Daher dient alles, was sie schrieben, dazu zu erweisen, dass Jesus kein Gott sei, und alles, was daraus folgt, ist ihr Glauben. Sie hätten damit niemanden schmähen wollen. Und dies hat die christliche Kirche an die 1400 Jahre hingenommen und geduldet und es nie für eine Schmach erachtet, siehe X 5.6.7. »So ist Jesus hier

suluit in fi. extra. de iude. So ist Jesus hie erschinen als ain mensch vnd als ain knecht / schreibt sanct Paulus ad philipp. ij. also vnd nit anders haben in die iuden auch geachtet / vnd von im vnd syner mutter auch von den aposteln nichts gőttlichs gehaltenn / vnnd nach. Ob das ain schmach sei / das gib ich denen zů ermessen die in weltlichen rechten über die satzung. l. Jtem apud. §. Si quis virgines. ff. de iniur. Vnd inn den gaistlichen rechten über das. c. in audientia extra de sent. ex. geschriben haben.

Zum dritten argumennt das die bücher falsch sindt / das kan ich nit recht verston. Dan falsch wirt genent inn manicherlai gestalt / vndertwilen haißt man die bücher falsch die nit recht corrigiert sind / als da ain wort vß gelassen oder zů vil ist / oder die buchstaben vnrecht geschriben sind / das hat kain sunderlich straff vff im / anders dan das man sollich bűcher műß woll corrigiern vnnd bőssern / wil man sie recht verston / dann solt man der massen bücher darumb verbrennen das sie nit recht geschriben vnd ab gemalt wern so műßt man vil bücher in der hailigen bibel verbrennen. Vnd welcher mir diser meiner rede nit will glauben / der leß die ander vorred. s. Hieronymi. über paralippo. vnd die vorred über iob vnd andere syne schrifften / nemlich die epistel so er schreibt ad Lucinium Bethicum da er sagt das ye ain schreiber felscher schreibt dan der ander. Des gleichen S. Augustini in ainer missiue oder epistel zu dem hailigen hieronymus in. i. parte Hieronymi epi. c. vi. Vnd wan man also die bücher verbrennen solt die do falsch das ist nit recht geschriben oder getruckt wern / so müßt man den nützlichen Plinium in naturali historia vor allen dingen verbrennen / dan er ist in hundert iarn nie gerecht sunder allwegen falsch geweßen. Nun hat doch der erst schreiber des hailigen euangeliums Matthei im abschreiben geirrt vnd gefelt / alls do [D viiir] spricht sanct Hieronymus ad Hedibiam super illud

erschienen als ein Mensch und als ein Knecht«, schreibt Sankt Paulus in Phil 2,7. So und nicht anders haben ihn die Juden damals gesehen und an ihm und seiner Mutter und auch an den Aposteln nichts Göttliches erkannt – und so haben sie es auch später gehalten. Ob das eine Schmähung sei, das überlasse ich jenen zu bewerten, die im weltlichen Recht über Dig. 47.10.15 und im kanonischen Recht über X 5.39.25 geschrieben haben.

Zum dritten Argument, wonach die Bücher falsch seien. Das kann ich nicht wirklich nachvollziehen. Denn ›falsch‹ wird mit verschiedenen Bedeutungen gebraucht: Bisweilen nennt man die Bücher ›falsch‹, die nicht richtig korrigiert worden sind, so dass ein Wort ausgelassen worden ist oder zu viel steht oder die Buchstaben nicht richtig geschrieben sind. Das zieht keine besondere Strafe nach sich, außer dass man solche Bücher richtig korrigieren und verbessern muss, wenn man sie richtig verstehen will. Müsste man die Massen an Büchern deswegen verbrennen, weil sie nicht richtig geschrieben oder kopiert worden sind, müsste man viele Exemplare der heiligen Bibel verbrennen. Und wer mir diese meine Ausführungen nicht glauben will, der lese die zweite Vorrede des heiligen Hieronymus über die Chronikbücher und die Vorrede über Hiob und andere seiner Schriften, nämlich den Brief, den er an Lucinius Beticus geschrieben hat, wenn er sagt, dass ein Schreiber falscher schreibt als ein anderer. Ebenso Sankt Augustinus in einem Sendschreiben oder Brief an den heiligen Hieronymus. Wenn man also die Bücher verbrennen sollte, die falsch, das heißt nicht richtig geschrieben oder gedruckt sind, so müsste man die nützliche *Historia naturalis* des Plinius vor allen anderen verbrennen, denn dieser Text ist hundert Jahre lang nie richtig, sondern immer falsch herausgebracht worden. Nun hat doch auch der erste Schreiber des heiligen Matthäusevangeliums sich beim Abschreiben geirrt und Fehler gemacht, wie Sankt Hieronymus in seinem Brief an Hedibia über Mt 12,20

Matthei. Arundinem quassatam non confringet. Zum andern so haißt man auch vndertwylen ain ding falsch das nit war ist / wie es gemainlich die philosophi brauchen / vnd in den rechten falsa causa / falsa demonstratio / falsa grammatica / falsa relatio / falsa denominatio / vnd sollichs hat kain pen oder straff vff im / dan. l. corne. begryfft kain irrung noch sollich lügen / l. quid sit falsum in fi. ff. ad l. cor. de fal. vnd das wirt auch nit gestrafft so ainer die narracion oder den fürtrag mit der vnwarhait dar thut / sunder allain die beweisung / sic Bal. in l. quicunque vlt. col. C. de ser. fugi. vnd in dißem stuck moͤchten die iuden bücher nach vnser mainung falsch sein aber nit nach irer mainung oder nach irem glauben / fa. l. in synagoga. C. de iude. da gebotten wirt ob ainer zu den iuden gon wolt / das er sie doch nit in irem gaistlichen huß sol über fallen / spricht die glos über das wort domus religionum. s. iudeorum. quo ad eorum opinionem religiosa / das ist so vil / sie selbs haltten es für gaistlich vnd andechtig. Zum dritten wirt ain ding falsch genent das mit boͤßen listen die warhait ainem andern zu schaden vndertruckt oder endert. Jn auten. de instru. caut. col. vi. circa prin. iunc. l. Nec exemplum. C. ad. l. corne. de fal. Nun waiß ich kain nacion vff dieser erden die mer achtung hab die hailigen schrifft recht zu schreiben dan die iuden. Dan also ist die bibel by inen reguliert das man waist wie vil ain iegklich buch verß oder cola die sie nennen psukim haben. Jtem man waißt wie dick vnd vil ain wort in yrer bibel stat. Jtem man hat massoreth darüber inn den geregulierten bibeln das sind scholia daruß man waist wan ains buchstabes zu vil oder zu wenig ist. Sollichs hon ich in kainer anndern sprach nie mer gelesenn / noch von kainen andern gehoͤrt / wol ist war das man etlich vnschedlich endrung findt / die sie sagen Ezras vnd Nehemias habent

sagt: »Er wird nicht zerbrechen das schwankende Schilfrohr«. Zweitens nennt man bisweilen etwas ›falsch‹, das nicht wahr ist. So gebrauchen gemeinhin die Philosophen diesen Ausdruck und die Rechtswissenschaft: ›falsche Ursache‹, ›falscher Beweis‹, ›falsche Grammatik‹, ›falsche Beziehung‹, ›falsche Benennung‹. So etwas zieht keine körperliche oder andere Strafe nach sich, denn Dig. 48.10.23 betrifft weder Irrtum noch solcherart Lügen. Und es wird auch nicht bestraft, wenn jemand in seinem Plädoyer oder Vortrag etwas Unwahres sagt, sondern nur in der Zeugenaussage, so Baldus zu Cod. 6.1.4. Und in diesem Punkt mögen die jüdischen Bücher unserer Meinung nach falsch sein, jedoch nicht nach ihrer Meinung oder ihrem Glauben, siehe Cod. 1.9.4, wo geboten wird, dass, wenn jemand gegen die Juden vorgehen will, er sie doch nicht in ihrem geistlichen Haus überfallen soll. Die Glosse sagt zu dieser Stelle zum Ausdruck ›Haus des Kultes‹, es gehe um Kultstätten der Juden gemäß deren Ansicht, das bedeutet so viel wie, dass sie jene selbst für geistlich und der Andacht gewidmet halten. Drittens wird etwas ›falsch‹ genannt, das arglistig die Wahrheit zum Schaden eines anderen unterdrückt oder verändert, siehe Nov. 73, Praefatio und Cod. 9.22.20. Nun kenne ich kein Volk auf dieser Erde, das in höherem Maße darauf achtete, die Heilige Schrift richtig zu schreiben, als die Juden. Denn die Bibel ist bei ihnen derart streng geregelt, dass man weiß, wie viele Verse oder Punkte, die sie ›psukim‹ nennen, ein jedes Buch hat. Ebenso weiß man, wie häufig und oft ein Wort in ihrer Bibel steht. Ebenso verfügt man diesbezüglich über die Masora im geregelten Bibeltext, das heißt Scholien, denen man entnimmt, wenn ein Buchstabe zu viel oder zu wenig steht.

So etwas habe ich in keiner anderen Sprache jemals gelesen noch über keine andere gehört. Es ist wahr, dass man etliche unproblematische Änderungen findet, die ihnen zufolge auf die Korrekturen durch Esra und Nehemia zurückgehen. Das

es also corrigiert vnd sind by den xvi stucken / als da geschriben ist. Gene. xviij. vnd Abraham stund noch vor got / am selben ort soll vor Ezras vnd Nehemias zeitten geschriben gewesen sein / vnnd got stund vor got / vnnd Habacuck capitulo primo. Mein hailig vnnd wir werden nit sterben / da ist vor gestanden / myn hailig vnd du wirdest nit sterben etc. Sollich endrung ist nit geschehen iemants zu betriegen / dan sie habent es selbs vff zaichnet wa es geenndert sei / vnnd sanct Hieronymus auch die lxxij. tolmetschen haben sollich endrung in das latin vnd griechisch gebracht wol by tußent iarn / sunst kan ich kainen grund finden das es warlich an tag moͤg bracht werden / das sie ire bücher gefelscht haben. [D viii^{v}] Dan man findt sie inn orient vnd occident gleich lautendt / on allain was ire grammatici selbs vnderainander von woͤrttern disputiern wie by vns Castigationes Hermolai barbari super Plinium / das laßt man aber allain disputationes vnd schuͤl reden sein. Das aber ettlich der vnnßern gemaint haben / die iudenn hetten ire bibel gefellscht / moͤcht vß disem kommen das vil translationes der bibel gewesen sind. Zum ersten die Chaldaisch des Onkelus vnd Jonathan. Zum andern die griechesch der lxxij tolmetschen. Zum dritten Aquile. Zum vierden Symmachi. Zum funfften Theodotionis. Zum sechsten Origenis mit seinem hexaplo. Zum vij. edicio vulgata. Zum viij. Anonymos. Zum ix. translatio auctoris incerti et sine titulo / die alle mitainander hat sanct Hieronymus vor augen gehabt alls er die bibel zum zehenden inn latinische sprach transferiert vnd gemacht hat / das findt man inn seinen commenten. Noch ist vnder denen allen der allt text der iuden beuor geweßen on befleckt. Da were aber nit ain wunder das vnder so vil tolmetschen vnd fursprechen mercklich endrung vnd abfal geschehen / alßo das vil falsch darin were / alls doch auch ist / wie dar von der genannt hailig

betrifft etwa sechzehn Stellen. Zum Beispiel wenn geschrieben steht in Gen 18,22 »und Abraham stand noch vor Gott«, so soll vor der Zeit Esras und Nehemias an dieser Stelle gestanden haben »und Gott stand vor Gott«. Und in Hab 1,12, »mein Heiliger und wir werden nicht sterben«, so stand hier vorher »mein Heiliger und du wirst nicht sterben« usw. Solche Änderungen wurden nicht vorgenommen, um jemanden zu täuschen, denn sie haben selbst vermerkt, wo etwas geändert worden ist. Zudem haben Sankt Hieronymus und die 72 Übersetzer solche Änderungen schon vor 1000 Jahren in den lateinischen beziehungsweise griechischen Text übernommen. Darüber hinaus kann ich keinen Grund erkennen, der wirklich beweisen könnte, dass sie ihre Bücher gefälscht hätten. Denn sie weisen im Orient und im Okzident denselben Wortlaut auf mit Ausnahme jener Wörter, über die ihre Grammatiker miteinander diskutieren, vergleichbar unseren *Castigationes Plinianae* des Ermolao Barbaro. All dieses sollte man als Disputationen und Schulübungen ansehen. Dass aber manche der Unseren der Meinung waren, die Juden hätten ihre Bibel gefälscht, mag daraus resultieren, dass es viele Übersetzungen der Bibel gegeben hat: erstens die chaldäische des Onkelos und Jonathan; zweitens die griechische der 72 Dolmetscher; drittens die des Aquila; viertens die des Symmachus; fünftens die des Theodotion; sechstens die des Origenes mit seiner *Hexapla*; siebtens die Vulgata; achtens die des Anonymos; neuntens die Übersetzung eines unbekannten Autors ohne Titel; sie alle zusammen hatte Sankt Hieronymus vor Augen, als er die Bibel als zehnter in die lateinische Sprache übertragen und erstellt hat, wie man seinen Erläuterungen entnehmen kann. Gleichwohl stand vor all diesen der unbefleckte Urtext der Juden. Es wäre aber kein Wunder, wenn unter so vielen Dolmetschern und Sachwaltern erhebliche Veränderungen und Abweichungen geschehen wären, so dass viel Falsches darin stünde. Das ist auch der Fall, wie

Hieronymus schreibt Ezech. xl. ca. super versu. Et ecce murus. Da er clarlich redt das gar nach alle hebraische woͤrter vnd namen inn der latinischen vnd griecheschen translation veralltet verwuͤst / vnd der vnuernunftigen vnd vngelertten schreiber halb verkert sind / vnd so ainer vß vngerechten buchern noch vngelerter schreibt / kumpt es dar zuͤ das ain hebraisch wort verwechselt vnd Sarmatisch / behemsch oder hungerisch / oder gar zuͤ nuten wirt / dan so es vff hoͤrtt hebraisch zuͤ sein / so facht es doch nit an aines anndern zuͤ sein / hec ille. Jnn dem allem werden wir gewißen durch das gaistlich recht ix. dis. c. vt veterum / das wir inn den irrungen des alten testaments ain zůflucht haben sollen zuͤ den iudischen buchern / ist ain guͤt zaichen das sie die cristentliche kirch noch fur die gerechtesten vnd nit fur falsch hat. Woͤlt man aber sagen der iuden doctores legten es falsch aus / die wyl wir vns dan der selben doctores behelffen vnßerm glauben zuͤ guͤt / vnd sie zuͤ bewysung allegiern vnd anziehen wie obgelut hat / so moͤcht man wider vns sagen das wir vns inn sollicher bewyßung falscher zeugnus brauchten / das dan verbotten ist. l. si falsos. C. eo. ti. Aber wie dem allem ain doctor der die schrifften nach syner besten [E i[r]] verstenntnus aus legt wie er ainen zu fal hat. Er treffs oder treffs nit / so thut er kainen falsch / es sei dan das er wissenlich ainen falschen text dar zu allegir. l. fi. ff. de fal. Sunst sagt man er irr / dan offenbar ist es / das man nit bezwungen ist dehainem doctor in seinen schrifften oder opinionen zu glauben / darum kan er nieman betriegen. l. in. i. in glo. mag. C. de leg. Dem nach ist mein antwurt vff das gemelt argument / ob gleich etwas falsch oder vnwars oder betrugs in der iuden bücher funnden wurde / das es im rechten nit gnuͤg ist solliche bücher

der vorher genannte heilige Hieronymus in seinem Kommentar zu Ez 40,5 schreibt. Dort sagt er unmissverständlich, dass »fast alle hebräischen Wörter und Namen in der lateinischen und griechischen Übertragung veraltet, verderbt und wegen der unverständigen und ungelehrten Schreiber verkehrt notiert sind. Und wenn einer aus unrichtigen Büchern obendrein noch kenntnislos abschreibt, kommt es dazu, dass ein hebräisches Wort verwechselt wird und sarmatisch, böhmisch oder ungarisch oder ganz zunichte wird. Denn wenn es aufhört, hebräisch zu sein, so beginnt es doch nicht etwas anderes zu sein.« Diesbezüglich werden wir von dem kanonischen Recht in D. 1.9.6 angewiesen, dass wir bei Unsicherheiten hinsichtlich des Alten Testaments unsere Zuflucht zu den jüdischen Büchern nehmen. Es ist ein gutes Zeichen, dass die christliche Kirche jene nach wie vor für die zuverlässigsten und nicht für falsch hält. Wollte man jedoch einwenden, die jüdischen Doktoren legten es falsch aus, während wir uns dann dieser Doktoren zum Nutzen unseres Glaubens bedienen und sie zum Beweis zitieren und heranziehen, wie oben zu lesen war, so könnte man gegen uns sagen, dass wir uns bei einem solchen Beweis falscher Zeugnisse bedienten, was verboten ist nach Cod. 9.22.8. Aber wie dem auch sei, wenn ein Doktor, der die Schrift nach seinem besten Wissen auslegt, wie es ihm einfällt, den Sinn trifft oder verfehlt, so begeht er kein Unrecht, es sei denn, dass er wissentlich einen falschen Text dazu zitierte, siehe Dig. 48.10.33. Andernfalls sagt man, er irre sich, denn es ist offensichtlich, dass man nicht gezwungen ist, den Schriften oder Meinungen eines Doktors zu glauben. Deshalb kann er niemanden betrügen, siehe die Glosse zu Cod. 1.14.1. Demnach lautet meine Antwort zu dem besagten Argument, dass es, selbst wenn etwas Falsches oder Unwahres oder Betrügerisches in den jüdischen Büchern gefunden wird, rechtlich nicht hinreicht, um solche Bücher zu verbrennen. Dazu zitiere ich

zuͤ verbrennen / ad hoc allego Bart. in. l. quid sit falsum. ff. de fal. ubi dicit non puto quod pro quolibet dolo et qualibet deceptione quis incidat in falsum ut puniatur. l. cornelia de fal. nisi sit de capitulis expressis in hoc titulo / hec ille.

Zum vierden argument das die iuden durch ire bücher verharren in irem iudischen glauben / vnd werden destminder cristen so sie von iugent vff darinn erzogen sind. Mag sein was man inn der iugent lernet das hangt ainem gern inn dem alter an. Also gros ist es / inn der iugent zuͤ gewenen spricht Virgilius ij. georgi. vnnd Horatius episto. ij. ad Max. Lollium. Ain nüwer haf schmeckt lanng nach dem das am ersten darin gekocht ist. Aber es felet auch dick / vnnd kumpt zum dickern mal das die menschen inn der iugent vngeschickt / vnnd im allter fast seer geschickt werden über andere leüt / dar von Valerius maxi. li. vi. ca. ix. schreibt. Aber wir woͤllent die roͤmer yetzt vnderwegen laßen / vnd die iuden vor nemmen / vnser apostel Paulus hat alle kunst der iuden gelernt vnnd ist by den rabin zuͤ schul gangen / was ist vß im worden? mer dan alle andere aposteln. Moͤcht ainer sagen ia got hat in dar zuͤ gezogen / dem antwurt Cristus Johan. vi. Es mag nieman zuͤ mir kommen er werde dann von meinem vatter zuͤ mir gezogen / darumb ist es kain ynred / dan wir werden all gezogen wie vil vnser zuͤ dem cristenlichen glauben kommen. Wir werden nit cristen geboren / sunder gemacht / spricht sanct Hieronymus in epi. ad Athletam de educatione filie / dan das wort cristi kompt inn die oren vnd vß den oren inn das hertz / vnd vß dem hertzen inn den willen / vnd vß dem willen in die verstentnus / vnd von dannen kompt der glaub / darumb spricht sanct Paulus ad Ro. x. der glaub kompt durch das hoͤren / vnd das hoͤrn durch das wort Cristi / daruß ich wol kan verston welcher geschickt ist zuͤ hoͤren / der ist auch geschickt zuͤ glauben [E iv] vnd wel-

Bartolus zu Dig. 48.10.23, wo er sagt: »ich glaube nicht, dass jemand durch jegliche List und jegliche Täuschung eine Fälschung begeht, so dass er zu bestrafen wäre«.

Zum vierten Argument, wonach die Juden aufgrund ihrer Bücher in ihrem jüdischen Glauben verharren und desto weniger Christen werden, wenn sie von Jugend auf darin erzogen worden sind. Es mag sein, dass man dem, was man in der Jugend lernt, im Alter gerne anhängt. »So viel bewirkt es, sich in der Jugend an etwas zu gewöhnen«, sagt Vergil in den *Georgica*. Und Horaz schreibt im Brief an Maximus Lollius: »Ein neuer Topf schmeckt lange nach dem, was als Erstes darin gekocht worden ist.« Aber diese Annahme ist häufig falsch, und es kommt häufiger vor, dass Menschen in ihrer Jugend unfähig sind und im Alter sehr fähig werden im Vergleich zu anderen Menschen, worüber Valerius Maximus in seinen *Facta et dicta* schreibt. Doch wir wollen die Römer jetzt beiseitelassen und uns mit den Juden beschäftigen. Unser Apostel Paulus hat alle jüdische Wissenschaft gelernt und ist bei den Rabbinen in die Schule gegangen. Was ist aus ihm geworden? Er war größer als alle anderen Apostel. Es mag jemand sagen: »Ja, Gott hat ihn dahin gezogen.« Demjenigen antwortet Christus in Joh 6,44: »Es kann niemand zu mir kommen, es sei denn, er werde von meinem Vater zu mir gezogen.« Daher ist das kein Einwand, denn wir alle werden gezogen, die wir zum christlichen Glauben kommen. »Wir werden nicht als Christen geboren, sondern dazu gemacht«, spricht Sankt Hieronymus im Brief an Athleta über die Erziehung ihrer Tochter. Denn das Wort Christi kommt in die Ohren und aus den Ohren in das Herz und aus dem Herzen in den Willen und aus dem Willen in den Verstand. Und daher kommt der Glauben. Deshalb sagt Sankt Paulus in Röm 10,17: »Der Glaube kommt durch das Hören, und das Hören durch das Wort Christi.« Das kann ich wohl so verstehen, dass derjenige, der fähig ist zu hören, auch fähig ist

cher vngeschickt ist zu hoͤren / der ist vngeschickt zu glauben / Nun ist aber der vil geschickter den cristenlichen glauben zehoͤren / der sich vor hin geuͤbt hat inn den dingen dar durch sollicher glaub der vernunfft mag ainen schein machen / als Aristoteles spricht ij. de Anima. Dię wirckunng wirckt vil wercklicher inn ain ding das vor dar zu geschickt ist. Sol ich nun ainem vernünfftigen menschen ain ding glauplich machen / so muß ich seiner verstenntnus das selbig für halten durch ain mittel darab sein vernunfft nit scheuhet / da mit er seinen freien willen in ainem zweifel mer vff diese seitten naig dan vff die andern seitten / vnd wan der sach ain sollicher schein gemacht wirt / so falt der will zu der verstentnus vnd wirt daraus ain glaub. Dis sind aber die mittel dar durch des menschen verstentnus ainen schein der warhait empfahet / als vnsere hochgelerten doctores inn der hailigen schrifft dar von schreiben / nemlich verkündung der profeten / ainhelligkait der geschrifft / maisterschafft der bücher / erzelung der ding so darinn geschriben stond rechter vernunfft gemeß / vnnd seines widertails rechter vernunnfft vngemeß / ains yegklichen irrsals vnuernunfft / bestand der cristenlichen kirchen / vnd offenbarlich geschicht der wunderzaichen. Durch dise acht stucke mag des vnglaubigenn mennschenn will zu der vernunnfft gelaittet werden / dar durch er glaub ain ding des er vor in zweifell gestanden ist. Daruß wol vermerckt mag werden das ain gelerter iud leichtlicher aus rechtem grundt bekert mag werden / dann ain [vn]gelerter. Jch sag vß rechtem grundt / des halb ich nit red von denen die aus neid / haß / forcht der straff / armůt / rach / eergeitigkait / liebe der welt / schlechter ainfeltigkait / vnd andern der gleichen vrsachen zů uns kommen / vnd allain mit wortten vnd mit dem namen woͤllen cristen werden. Deren ich vil gekent hab / da nichtz gůts vs worden

zu glauben und dass derjenige, der unfähig ist zu hören, auch unfähig ist zu glauben. Nun ist aber derjenige viel fähiger, den christlichen Glauben zu hören, der sich vorher in den Dingen geübt hat, durch die solcher Glaube der Vernunft einleuchten kann, wie Aristoteles in *De anima* sagt: »Die Wirkung ist viel wirksamer in einem Ding, das schon vorher dafür geeignet ist.« Wenn ich einem vernünftigen Menschen etwas glaubhaft machen soll, so muss ich diese Sache seinem Verstand durch ein Mittel vorlegen, vor dem seine Vernunft nicht zurückweicht, damit er seinen freien Willen beim Abwägen eher zu dieser Seite neige denn auf die andere Seite. Und wenn die Sache in einem solchen Licht präsentiert wird, so kommen Willen und Verstandeserkenntnis überein, und daraus entsteht der Glaube. Dies sind aber die Mittel, durch die der Verstand des Menschen einen Schein der Wahrheit empfängt, wie unsere hochgelehrten Theologen darüber schreiben, nämlich Verkündigung der Propheten, Übereinstimmung der Schrift, die meisterliche Gelehrsamkeit der Bücher, eine rechter Vernunft gemäße und dem Gegensatz der rechten Vernunft nicht gemäße Darstellung der darin behandelten Dinge, die mangelnde Vernunft in jeglichem Irrtum, das Bestehen der christlichen Kirche und das offenkundige Geschehen zeichenhafter Wunder. Durch diese acht Punkte kann der Wille des ungläubigen Menschen zur Vernunft geleitet werden, so dass er glaubt, worüber er vorher im Zweifel war. Daraus ist wohl ersichtlich, dass ein gelehrter Jude leichter durch einen guten Grund bekehrt werden kann als ein ungelehrter. Ich sage ›durch einen guten Grund‹, weil ich nicht über diejenigen spreche, die aus Neid, Hass, Furcht vor Bestrafung, Armut, Rache, Ehrgeiz, Liebe zu weltlichen Dingen, schlichter Einfalt und dergleichen Ursachen zu uns kommen und allein mit Worten und dem Namen nach Christen werden wollen. Derer habe ich viele gekannt; aus ihnen ist nichts Gutes geworden. Diese Menschen

ist / die selben glauben eben ains alls das ander / vnd wan es inen vff diser seitten nit nach irem willen gat / so lauffen sie in die türckei vnd werden wider iuden / von den selben schalachs bůben will ich hie nit geredt haben / sunder von den dapffern redlichen iuden vnd iüdinen / die ir irrtumb vnd irrsal erkennen / vnd verstanden war inn vnd wie sie irren / vnd vmb gottes vnd der warhait willen zu vnserm cristenlichen glauben zů bringen sind.

Darumb so gib ich anttwurt zů den ob gemeltten vierden argument / vnd sag. Das die bücher kain wirck[E iir]lich vrsach seien darumb die iuden nit zů cristem glauben kommen. Luce xvi. Habent Moysen et prophetas / sunder die bücher seien wol vrsach das sie leichtlich glaubig werden / wa wir der selben sprach gelert vnd wolgeschickt leüt hetten / die do vernünfftigklich mit inen kündten vmb gon / das bewer ich aus der geschicht vnnd der tatt / die der maister in Fortalicio fidei anzaigt libro iij. consyderatione xij. da er schreibt das ainer von den gelertesten vnd weisesten iuden sei zů im kommen / vnd hab mit im vil von dem glauben geredt / vnd im da gesagt / das er warlichen glaub den cristenlichen glauben / vnd er sei dar zů gebracht worden durch fleissig ůbung in den schrifften nit allain der bibel / sunder auch des thalmuds vnd der philosophy / hec ille. Also sind maister Petrus alfonsi / maister Alfonsus / maister Johannes de podio / maister Hieronymus conuersus / maister Paulus Burgensis bekert worden / die ich wolt nemen inn vnßern glauben für vier hundert kartten maler oder wůcherer vnndern iuden. Jch zel aber der Thalmud were vrsach das sie nit cristen würden / darumb sol ich niemant das sein nemmen vnd verbrennen / dan mir stat das nit zů zevrtailnn. Der iud ist vnsers herr gots alls wol als ich / stat er / so stat er seinem herrn / fallt er / so falltt er seinem herrn / ain yegklicher würdt

glauben eines ebenso gut wie das andere, und wenn es auf dieser Seite nicht nach ihrem Willen geht, so laufen sie fort in die Türkei und werden wieder Juden. Von solchen Spitzbuben will ich hier nicht sprechen, sondern von den tapferen, redlichen Juden und Jüdinnen, die ihren Irrtum und ihren Irrweg erkennen und verstanden haben, worin und wie sie irren, und um Gottes und der Wahrheit willen zur Annahme unseres christlichen Glaubens zu bringen sind.

Daher gebe ich auf das oben genannte vierte Argument Antwort und sage, dass die Bücher keine wirksame Ursache dafür sind, dass die Juden nicht zum christlichen Glauben kommen, siehe Lk 16,29: »Sie haben Moses und die Propheten.« Vielmehr sind diese Bücher die Ursache dafür, dass sie leichter gläubig werden, wenn wir in derselben Sprache gelehrte und sehr fähige Leute hätten, die vernünftig mit ihnen umgehen könnten. Das belege ich aus der Geschichte und dem Geschehen, das der Meister im *Fortalicium fidei* mitteilt. Dort schreibt er, dass einer der gelehrtesten und weisesten Juden zu ihm gekommen sei und mit ihm viel über den Glauben geredet habe. Dabei habe er ihm gesagt, »dass er wahrhaftig den christlichen Glauben glaube. Und er sei dazu gebracht worden durch ein eifriges Studium der Schriften, und zwar nicht allein der Bibel, sondern auch des Talmuds und der Philosophen.« Auf dieselbe Weise sind Meister Petrus Alfonsi, Meister Alfonso de Spina, Meister Johannes de Podico, Meister Hieronymus Conversus, Meister Paul von Burgos bekehrt worden, die ich lieber als Anhänger unseres Glaubens sehe als vierhundert Kartenmaler oder Wucherer unter den Juden. Angenommen der Talmud wäre die Ursache dafür, dass sie nicht Christen würden, so soll ich deshalb dennoch niemandem sein Eigentum wegnehmen und verbrennen, denn mir steht es nicht zu, darüber zu urteilen. Der Jude ist unseres Herrgotts so gut wie ich. Steht er, so steht er seinem Herrn, fällt er, so fällt er seinem Herrn. Ein jeder

für sich selbs můssen rechnung geben. Was woͤllen wir aines andern seelen vrtailn / got ist wol so mechtig das er in mag vff richten / Das alles schreibt clarlich der hailig apostel Paulus ad Romanos decimo quarto. So wissen wir auch aus dem euangelio / das vnßer herr seine iunger Jacobum vnnd Johannem gar hart straffte da sie begerten das ain stat der vnglaubigenn die Cristum vnd seine iunger nit woltten yn nehmen solt verbrent werden / Luce nono capitulo. Dar aus will ich die oberkait entschuldigt haben / dann sie verwilligt nit inn das übel / aber sie laßt es geschehen / dicit. c. consuluit de iudeis / et Augustinus de Ancona in libro de ecclesiastica potestate. q. xxiiij. §. ad secundum / vnd kann es nit wenden sie thů dan den leütten vnrecht das doch nit sein sol.

Zu beschlusß dis hanndels / so kan ich für war nit gedencken das dar aus ettwas vnßerm cristenlichen glauben moͤcht zů gůttem kommen / oder der gots dienst gemeeret werdenn. Jch kan aber wol ermessen das vil args moͤcht dar aus entston / so wir inen die bücher verbrentten. [E ii^{v}]

Zum ersten. Das die iuden moͤchten sprechen / wir nemen inenn ire wer / vnd foͤrchten vns vor inen / das sie vns über disputierten / vnd klůger wern mit sinnen dan wir. Alls ob ain hertzog ainem hirtten woͤlt außbietten mit im zů fechten / vnd ließ im doch zů vor nemmen seinen stab / schwert oder messer / vnd er selbs behielt im das sein.

Zum andern. So moͤchten die iuden vil seltzamer ding von nüwem schreiben die boͤßer wern dann dise / vnnd iren kinden von yetzt über hundert iar sagen das vnd das vnd das were inn den verbrennten büchern gestanden.

Zum dritten. So moͤchten sie dar nach sagen / vnsere doctores hetten die iren falschlich allegiert / vnnd anders dar gethon dan sie geschriben hetten. So kündten wir dann nienen hin dehain zůfluchtt haben / daruff wir uns moͤchten ziehen.

wird für sich selbst Rechenschaft ablegen müssen. Wie wollen wir über die Seele eines anderen urteilen? Gott ist wohl so mächtig, dass er ihn aufzurichten vermag. Das alles schreibt deutlich der heilige Apostel Paulus in Röm 14,4 und 14,12. So wissen wir aus dem Evangelium auch, dass unser Herr seine Jünger Jakobus und Johannes sehr hart tadelte, weil sie verlangten, dass eine Stadt der Ungläubigen, die Christus und seine Jünger nicht aufnehmen wollten, verbrannt werden sollte, Lk 9,54–55. Auf dieser Grundlage schließe ich, dass die Obrigkeit für schuldlos gehalten werde, denn sie willigt nicht ein in das Schlechte, sondern lässt es lediglich geschehen, siehe X 5.6.7 und Augustinus de Ancona in seiner *Summa de ecclesiastica potestate.* Und sie kann das nicht ändern, es sei denn, sie fügte den Menschen Unrecht zu, was doch nicht zulässig ist.

Um diesen Fall zu beschließen, so kann ich mir ernsthaft nicht vorstellen, dass unserem christlichen Glauben daraus etwas Gutes erwachse oder die Gottesverehrung gesteigert werde. Ich kann aber wohl einschätzen, dass viel Schlechtes daraus entstehen könnte, wenn wir ihnen die Bücher verbrennten.

Erstens, die Juden könnten sagen, wir nähmen ihre Waffe und fürchteten uns vor ihnen, weil sie uns in der Disputation überwänden und geistig klüger wären als wir. Das wäre, als ob ein Herzog einen Hirten herausforderte, mit ihm zu kämpfen, ihm aber vorher seinen Stab, sein Schwert oder ein Messer wegnehmen ließe, selbst aber seine Waffen behielte.

Zweitens, die Juden könnten viel seltsamere Dinge neu aufschreiben, die schlimmer wären als die vorliegenden, und ihren Kindern von jetzt an über hundert Jahre sagen, dies und das und jenes habe in den verbrannten Büchern gestanden.

Drittens, so könnten sie danach sagen, unsere Doktoren hätten die Ihren falsch zitiert und anders ausgelegt, als sie geschrieben hätten. So besäßen wir künftig keine Zuflucht mehr, auf die wir uns beziehen könnten.

Zum vierden. Was man ainem verbeut das hat er erst am liebsten / darumb würden ire rabin vnd maister inn die türckei ziehen zůͤ lernen / vnd darnach wider heraus kommen / vnd ire iungen mit gro̊ͤsserm fleis leren bo̊ͤßers dan sie vor ye gelernt hetten.

Zum fünfften / So mo̊ͤcht es dar zůͤ kommen / als sich der welt lauff von iar zůͤ iar endert / das wir sollicher bücher inn den concilien vnd versamlung der kirchen selbs nottürfftig würden. Als das concilium zůͤ Baßel den Alkoran des Mahumets buch durch den cardinal Johann de Ragusio zůͤ wegen gebracht hat / vnnd dan geben wir vil dar für das sie nit wern verbrent worden / wie den ro̊ͤmern geschach do der künig Tarquinius priscus der Sibylla amalthea bücher verbrent het / bis vff die dreü hinderste / darumb er dannocht můͤßt iij. hundert gülden geben lutters golts / mit grossem laid das er die andern verbrent het.

Zum sechsten / So ist vns verbotten mit den ketzern so von vnserm glauben gefallen sind / offenlich zůͤ disputiern. l. damnato et. l. quicumque C. de heret. Aber wol mit den iuden mo̊ͤgen wir disputiern / vnd mit inen reden / da mit wir sie glaubig machen. c. quam sit laudabile et in glo. i. extra de iude. iuncto. xxiij. q. iiij. c. infideles. So dan ire bücher verbrent wern / wes kündten wir vns wider sie behelffen / es were dan des texts der bibel. Aber das ist gar nichtz / dan das hailig gaistlich recht xxxvij. dis. c. relatum. spricht das vil wo̊ͤrter in dem text der hailigen schrifft geschriben stond die gezogen mo̊ͤgen werden vff ainen [E iii^{r}] yeden sine / den im ain yegklicher selbs für nimpt. Vnd darumb wurden die clůͤgen iuden ain andere vßlegung erdencken / die sie von iren elltern nit gelernt hetten / des halb wir můͤßten abston.

Zum sibenden / Wan wir nieman fremds vsserthalb mer hetten / es were iuden oder haiden mit denen wir inn der schrifft zanckten / Die weil dan des menschen gemůͤtt nit fe-

Viertens, was man jemandem verbietet, das schätzt er am meisten. Daher würden ihre Rabbinen und Meister in die Türkei ziehen, um dort zu lernen, und danach zurückkommen und ihre Jugend mit größerem Eifer Schlechteres lehren, als sie vorher unterrichtet haben.

Fünftens, es könnte, weil sich der Lauf der Welt von Jahr zu Jahr ändert, dazu kommen, dass wir solche Bücher bei den Konzilien und Versammlungen der Kirchen selbst dringend benötigten. So wie das Konzil von Basel den Koran, das Buch Mohammeds, durch den Kardinal Johannes von Ragusa herbeischaffen ließ. Dann gäben wir viel dafür, dass sie nicht verbrannt worden wären, wie es den Römern widerfuhr, als der König Tarquinius Priscus die Bücher der Sibylle Amalthea verbrannt hatte mit Ausnahme der drei letzten. Dafür musste er dreihundert Gulden reinen Goldes zahlen unter großem Bedauern, dass er die anderen hatte verbrennen lassen.

Sechstens, es ist uns verboten, mit den Ketzern, die von unserem Glauben abgefallen sind, öffentlich zu disputieren, siehe Cod. 1.5.6 und 1.5.8. Doch mit den Juden können wir disputieren und reden, um sie zu unserem Glauben zu bringen, siehe X 5.6.10 und die zugehörige Glosse. Wenn also ihre Bücher verbrannt worden wären, womit könnten wir uns gegen sie behelfen außer mit dem Text der Bibel? Aber das bedeutet gar nichts, denn das heilige kanonische Recht spricht in D. 11.23.4.17, dass viele Worte in dem Text der Heiligen Schrift stehen, die in jedem Sinn verstanden werden können, den jemand sich ausdenkt. Und daher würden die klugen Juden eine andere Auslegung erfinden, die sie nicht von ihren Eltern gelernt hätten, weshalb wir uns dann jeder Auseinandersetzung enthalten müssten.

Siebtens, wenn wir keine Fremden mehr außerhalb des Christentums hätten, seien es Juden oder Heiden, mit denen wir über die Schrift stritten, würden wir, weil der menschliche

yrt / so wurden wir vnder vns selbs inn vnsern schuͤlen vnains / vnd nüwe opiniones anfahen / oder die altten zenck erwecken / als yetzo geschehen ist mit vnser lieben frawen empfengknus / vnd ob sanct Pauls ain eewyb gehapt hab / vnd ob sanct Augustin ain münch sei gewesen. Vnd vil ander narrenwerck / das geschicht so wir nieman haben der wider vnns gedar reden / mit dem wir die horn abstossen / wie dan in der roͤmer historien geschriben ist / im dritten krieg wider die stat Carthago / alls man inn dem roͤmer rat dar von solt ratschlagen / da was Cato Censorinus der mainung man solt Carthago zerreissen vnd schloͤuffen / Da gab Scipio Nasica disen rat / Nain / man solt Carthago laßen beleiben. Nit umb liebe willen die er zuͤ der stat het / dan er was ir alls fiendt als die andern. Aber allain darumb / das er die roͤmer wol kantte / das sie nit feirten / vnd wan sie vßwendig nit zuͤ kriegen heten / so wurden sie selbs inn ir aigen statt bello intestino innananander fallen / alls auch geschehen ist / vnd het gantz Rom gern dar nach gewellt man het Scipionis rat gevolgt.

Zum achtenden. So ist nichtz dar mit für kommen / ob man gleich inn teutschen lannden dar inn die minst zal der iuden ist / ire bücher verbrent. Dan sie haben noch zuͤ Constantinopel vnd in orient auch inn italien vnnd in andern küngreichen ire hoheschuͤlen / darinn sie frei lernen vnd leßen was sie woͤllen.

Zum neunden / So nemmen wir exempel ab vns selbs. dan die zwen kaißer Diocletianus vnd Maximianus haben im achtenden iar irer regierung ain gemain mandat vnd gebot lassen vß gon / das man aller cristen bücher solt verbrennen. Als aber ain yegklicher amptman vnder den seinen suͤcht an welchen

Geist nie ruht, untereinander an unseren Denkschulen uneinig und neue Meinungen anführen oder die alten Streitereien wiederbeleben, wie es jüngst geschehen ist bezüglich der Lehre von der unbefleckten Empfängnis unserer Lieben Frau oder der Frage, ob Sankt Paulus eine Ehefrau gehabt habe und ob Sankt Augustinus ein Mönch gewesen sei. Und viele andere Torheiten geschähen, wenn wir niemanden mehr hätten, der uns zu widersprechen wagte, an dem wir uns die Hörner abstoßen könnten, wie es in der Geschichte der Römer festgehalten ist: Als man im Dritten Punischen Krieg gegen die Stadt Karthago im römischen Senat darüber beriet, war Cato Censorius der Meinung, man solle Karthago niederreißen und schleifen. Da gab Scipio Nasica folgenden Rat: Nein, man solle Karthago bestehen lassen, nicht etwa, weil er für jene Stadt Zuneigung empfunden hätte, denn er war ihr ebenso feindlich gesonnen wie die anderen. Sondern allein deswegen, weil er sehr wohl wusste, dass die Römer nie ruhten. Und wenn sie keine Kriege mehr gegen äußere Feinde zu führen hätten, so würden sie selbst in ihrer eignen Stadt in einem Bürgerkrieg übereinander herfallen, wie es tatsächlich geschehen ist. Und ganz Rom hat später gewünscht, man hätte den Rat Scipios befolgt.

Achtens, man erreicht nichts damit, dass man die Bücher der Juden in Deutschland verbrennt, wo es nur eine geringe Zahl von ihnen gibt. Denn sie besitzen noch in Konstantinopel, im Orient, auch in Italien und in anderen Königreichen ihre Hochschulen, in denen sie frei studieren und lesen können, was sie wollen.

Neuntens, nehmen wir uns ein Beispiel an unserer eigenen Geschichte: Denn die beiden Kaiser Diokletian und Maximian haben im achten Jahr ihrer Regierung ein gemeinsames Mandat und Gebot erlassen, dass man die Bücher aller Christen verbrennen solle. Als aber jeder Amtsträger in seinem Zuständigkeitsbereich herauszufinden versuchte, an welchen Orten sich

ortten der cristen bücher wern / Da kam der kaißerlich Commissari Magnianus genannt zů Felix dem bischoff zů Biukan vnnd zů Januarius dem priester / auch zů Fortunatus vnd Septimius / als zů denen die am meisten des selben orts vmb die bücher soltten wissen / Die gabent im zu antwurt. Es [E iij[v]] stat geschriben. Jr sollent nit geben das gehailigt den hunden noch den schweinen die perlin für werffen / vnd ee sie es zaigen wöllten so sind sie darumb gestorben. Nichtz dest minder wurden der cristen bücher abgethon / welche nit verborgen warn / vnd nach absterben der zwaien gemeltten kayßer. Da stunden die ketzer vff vnnd schribent andere bücher vnd gaben inen tittel der hailigen / als ob sie gerecht wern / nemlich euangelia Thaddei / euangelia Thome apostoli / euangelia Barnabe apostoli / euangelia Bartholomei / euangelia Andree apostoli / vnd vil anndere bücher die do erzelet sind inn den gaistlichen rechten xv. dis. c. Sancta romana ecclesia §. Que uero. Bis als lanng das die altten bücher als wyt als das römisch reich was inn orient vnd occident wider zů samen gesůcht / vnd durch die nachuolgenden concilien vß gelesen vnd probiert wurden. Man kan aber nit befinden das ainichs cristen menschen darumb minder sy geworden / dan ob man sollich bücher nit verbrent het / sunder die cristenlich kirch hat sich darnach ye lenger ie fester gemeret. Also würd auch hie geschehen / so die iuden sehent das man inen sollichen trang vnd gewalt ann ir hailigkait thete / so würden sie mer entzündt / iuden zů sterben / als hailigen nach irer mainung / vnd ire kind vnd wyber desto harrter daruff weisen. Darumb ist vns gebotten inn den gaistlichen rechten. c. sicut iude. extra de iu. Das wir den iuden das ir nit sollen nemen / es sei gelt oder gelts werdt / das durch dis wort pecunia verstanden mag werden. i. q. iij. totum. vnd welcher dar wider tůt der sol seiner eern vnd ampts entsetzt

die Bücher der Christen befänden, da kam ein kaiserlicher Kommissar namens Magnianus zu Felix, dem Bischof von Thibiuca, und zum Priester Januarius sowie zu Fortunatus und Septimus als denjenigen, die vor Ort am besten über die Bücher Bescheid wissen sollten. Sie gaben ihm zur Antwort: »Es steht geschrieben, ihr sollt das Heilige nicht den Hunden geben, noch Perlen vor die Säue werfen [Mt 7,6].« Und sie sind lieber gestorben, als die Aufbewahrungsorte der Bücher zu zeigen. Nichtsdestotrotz wurden diejenigen Bücher der Christen vernichtet, die nicht versteckt worden waren. Und nach dem Tod der besagten Kaiser traten Ketzer auf und schrieben andere Bücher und gaben ihnen Titel mit den Namen von Heiligen, als ob sie authentisch wären, nämlich das Evangelium des Thaddäus, das Evangelium des Apostels Thomas, das Evangelium des Apostels Barnabas, das Evangelium des Bartholomäus, das Evangelium des Apostels Andreas und viele andere Bücher, die aufgezählt sind im kanonischen Recht, siehe D. 1.15.3.27–81. Es dauerte lange, bis die alten Bücher überall, soweit sich das römische Reich im Osten und Westen erstreckte, wieder zusammengesucht sowie von den späteren Konzilien gelesen und geprüft worden waren. Man kann jedoch nicht feststellen, dass es auch nur einen Christen weniger gegeben hat, als wenn man solche Bücher nicht verbrannt hätte, vielmehr ist die christliche Kirche danach umso dauerhafter und stärker gewachsen. Ebenso würde es auch hier geschehen: Wenn die Juden sähen, dass man ihnen solcherart Zwang und Gewalt an ihrem Heiligsten zufügte, so würden sie umso stärker entflammt, als Juden, das heißt ihrer Ansicht nach als Heilige, zu sterben, und ihre Kinder und Ehefrauen umso strenger dazu anleiten. Darum wird uns im kanonischen Recht in X 5.6.9 befohlen, dass wir den Juden ihren Besitz nicht nehmen sollten, sei es Geld oder geldwerten Besitz, wie der lateinische Ausdruck ›pecunia‹ hier zu verstehen ist, siehe D. 11.1.3.6. Und wer dem zuwiderhandelt,

werden oder im bann sein. i. excommunicatus / so lang biß er gnůͤgsame widerlegung thůͤt. Nun ist es gegründt inn rechten das man nieman in bann erkent dann vmb ain todtsindt. xi. q. iij. c. Nemo. Jst es nun sind so ist es got nit loblich. Jnn dißen gebot der kirchen sind auch begriffen alle künig vnd kaißer nach dem sie cristen sind / vnd kaiserliche recht hond dise satzung angenommen / in. l. Christianis. C. de paga. vnd haben die widerlegung erclert / das man inen iren schaden zwifach widerlegen sol / vnd welche oberkait oder amptleüt das gestatten / die sollennt auch also gestrafft werden / als hetten sie es selber geton. Dan so die iuden friden haltten / so sol man sie auch mit friden laßen. dicit. l. Christianis. Das geschicht alles darumb das sie nit moͤgen sprechen / wir woͤllen sie tringen oder noͤten zůͤ vnserm glauben / darumb der hailig apostel [E iv^{r}] Paulus schreibt ad Thess. iiij. Wir bitten euch lieben brůͤder das ir růͤw haben vnd das ir eerlich gand gegen denen die vsserthalb sind / vnd das ir nit begern ichtz des andern / Das ist / wir sollen die so nit cristen sind vnbekümert laßen / vnd des iren nit begern. Darumb sollen wir ire kinder nit tauffen on iren willen. glo. in ca. iudeorum filios xxviij. q. i. Das halten auch die lerer der hailigen schrifft / als Augustinus de ancona in summa de ecclesiastica potestate q. xxiiij. Daruß verstanden mag werden das man ire bücher auch nit sol on iren willen nemen / dan bücher sind manichen als lieb als kind / vnd wie man von den poeten sagt das sie ire bücher so sie gemacht haben für ire kind halten. Also ist es auch hie zůͤ gedencken / so man ainem iuden seine bücher woͤlt nemen darumb das man ine zůͤ cristenlichem glauben brechte / des het ain gestalt ains zwangs glo. super ver. licentiam in fi. xlv. dis. c. Qui syncera.

der soll seiner Würden und seines Amtes entkleidet werden oder solange exkommuniziert sein, so D. 11.11.3.51, bis er in hinreichender Weise widerruft. Nun ist es ein Rechtsprinzip, dass man niemanden mit der Exkommunikation belegt außer für eine Todsünde, siehe D. 11.11.3.31. Handelt es sich hierbei aber um eine Sünde, kann es nicht dem Lob Gottes dienen. Unter dieses Gebot der Kirche fallen auch alle Könige und Kaiser, sofern sie Christen sind. Und das kaiserliche Recht hat dieses Gesetz übernommen, siehe Cod. 1.11.6. Und hier wird ›Wiedergutmachung‹ so erklärt, dass man jenen ihren Schaden zweifach ersetzen soll. Und die Obrigkeit oder Amtleute, die jenes Unrecht hinnehmen, sollen so bestraft werden, als hätten sie es selbst begangen. Denn wenn die Juden Frieden halten, so soll man sie auch in Frieden lassen, siehe Cod. 1.11.6. Das alles geschieht deshalb, damit sie nicht sagen können, wir wollten sie zu unserem Glauben drängen oder nötigen, weshalb der heilige Apostel Paulus in 1 Thess 4,10–12 schreibt: »Wir bitten euch, liebe Brüder, dass ihr ein ruhiges Leben führt und ehrbar wandelt vor jenen, die außerhalb stehen, und dass ihr nichts von einem anderen begehrt.« Das heißt, wir sollen diejenigen, die keine Christen sind, unbeeinträchtigt lassen und ihren Besitz nicht begehren. Daher sollen wir ihre Kinder nicht taufen gegen ihren [der Eltern] Willen, siehe die Glosse zu D. 11.28.1.11. Das vertreten auch die Lehrer der Heiligen Schrift wie zum Beispiel Augustinus de Ancona in seiner *Summa de ecclesiastica potestate*, Quaestio 24. Das ist so zu verstehen, dass man ihre Bücher ebenfalls nicht gegen ihren Willen fortnehmen soll, denn Bücher sind manchem so lieb wie ein Kind. Dementsprechend sagt man von den Dichtern, dass sie die von ihnen verfassten Bücher als ihre Kinder ansehen. Ebenso ist auch hier anzunehmen, dass es sich um Zwang handelte, wenn man einem Juden seine Bücher wegnehmen wollte, um ihn zum christlichen Glauben zu bringen, siehe die Glosse zu D. 1.45.3.

Als aber vnser aller gnedigster herr der roͤmisch kaißer üwern fürstlichen gnaden auch beuolhen hat daruff rat zehaben / welcher maßen vnd vff was grund vnd weg die sach an zefahen vnd zethuͤn sei / wie mir das auch von den selben üwern fürstlichen gnaden zu bewegen vnnd zu raten vff gelegt ist / kan ich für war bessers nit raten nach meiner klainen verstentnus / dan das die K. M. vmb gottes vnd vnsers cristenliches glaubes willen by den hohen schulen in teutschen landen verfüge / das ain yegkliche vniuersitet muͤß x. iar zwen maister haltten die do künden vnd sollen die studenten vnd schuler inn hebraischer sprach leren vnd vnderweißen / wie die Clementin anzaigt vnd vßweißt / sub titulo de magistris prima. Dar zu sollen vns die iuden so in vnsern landen sitzen vnd wonen mit leihung der bücher gutwilligklich vnd nachbeürlich beholffen sein / vff zimlich caucion vnd on iren schaden / so lang bis wir durch den truck oder handtgeschrifft aige bücher über kommen moͤchten. So hab ich kainen zwyfel in kurtzen iarn werden vnßere studenten inn sollicher hebraischer sprach so gelert / das sie mit vernünfftigen und freuntlichen worten die iuden künden vnd moͤgen senfftmuͤtigklich zu vns bringen / nach inhaltung des gaistlichen rechtes. c. qui sincera et. c. de iude. xlv. dis. darin mit vßgetrückten worten also stat. Welche die syent die vß luterer mainung des cristenlichen glaubes frembde außlüt begerennt zu rechtem glaubenn zu bringen / die sollent das mit senfften wortten vnnd nit mit rawher [E iv^{v}] mainung vnnderston / vff das nit der widerwil die ihene vertrybe / dero gemuͤtt wol moͤcht ain guͤtte vernunfft von der irrung abwenden. Vnd welche anders thuͤnd / vnd sie vnder verborgener gestaltt von gewonlichen sitten woͤllent abwenden / die mag man erkennen das sie nit gottes handel / sunder ire ai-

Weil aber unser allergnädigster Herr, der römische Kaiser, Euren fürstlichen Gnaden auch befohlen hat, in der Frage Rat zu suchen, in welchem Maße, auf welcher Grundlage und auf welche Weise die Angelegenheit zu beginnen und durchzuführen sei, wie uns auch von Eurer fürstlichen Gnaden auferlegt worden ist, darüber Erwägungen anzustellen und einen Ratschlag zu erteilen, so kann ich gemäß meinem beschränkten Verstand in der Tat nichts Besseres raten, als dass Seine Kaiserliche Majestät um Gottes und unseres christlichen Glaubens willen den Hochschulen in Deutschland vorschreibe, dass jede Universität für zehn Jahre zwei Magister beschäftigen solle, die die Studenten und Schüler in der hebräischen Sprache unterrichten und unterweisen könnten und sollten, wie es Clem. 5.1.1 darlegt und anordnet. Dabei sollen uns die Juden, die in unserem Land leben und wohnen, wohlwollend und freundschaftlich behilflich sein, indem sie uns Bücher gegen Kaution und ohne jeden Schaden so lange leihen, bis wir durch den Buchdruck oder handschriftlich eigene Bücher hergestellt hätten. Dann hege ich keinerlei Zweifel, dass unsere Studenten in wenigen Jahren im Hebräischen solche Kompetenzen erworben haben werden, dass sie mit vernünftigen und freundlichen Worten die Juden sanftmütig zu uns zu bringen verstünden und vermöchten unter Beachtung des kanonischen Rechts, siehe D. 1.45.5. Dort steht ausdrücklich Folgendes: »Wer auch immer in lauterer Absicht wünscht, Menschen, denen der christliche Glaube fremd ist, zum rechten Glauben zu bringen, soll dies mit sanften Worten und nicht mit unnachgiebiger Haltung unternehmen, auf dass nicht der Widerwillen diejenigen vertreibe, deren Geist durch vernünftige Argumente von ihrem Irrtum fortgelenkt werden könnte. Und von denjenigen, die anders handeln und sie unter Vorspiegelung falscher Tatsachen von ihren traditionellen Gebräuchen abbringen wollen, soll man annehmen, dass sie nicht Gottes Angelegenheit, son-

gene henndel treiben / et infra. Darumb sol am im also thuͤn / das sie mer durch vernünfftig vrsach vnd senfftmuͤtigkait beweget / vil lieber vns woͤllen nachuolgen dan fliehen / da mit wir sie aus iren aigen büchern augenschynlich zuͤ vnser muͤter der cristelichen kirchen mit der gots hilff moͤgen bekern. Das sind ongeuerlich die wort der angezogen cristenlichen satzung dicit. ca. qui sincera / wie wir es inn disem stuck mit den iuden haltten sollen / vnnd der canon obgemelt de iudeis ea. dis. sagt also. Von den iuden hat uns gebotten das hailig Concilium das wir fürterhin nieman gewalt thuͤen zuͤ glauben / dan welchen got wil / des erbarmt er sich / vnd wen er wil den macht er herrt / des halb sollich leüt nit sind seelig zuͤ machen mit vnwillen / sunder mit guͤttem willen / das die form vnnd gestalt der gerechtigkait gar vnnd gantz beleib. Aus disen baiden yetz angezaigten rechten der Clementin vnnd distinction des decrets / hond wir beschlieslich die gantz materi dis handels nemlich. Das man der iuden bücher nit sol verbrennen / vnd das man sie durch vernünfftig disputationen senfftmuͤttigklich vnd guͤttlich zuͤ vnserm glauben sol mit der hilff gottes übereden.

Hochwirdigster fürst gnedigster herr / ich will dise meinen schrifften vnd mainungen üwern fürstlichen gnaden als meinem ertzbischoff vnderworffen / vnd nichtz anders geschriben haben / dan das durch üwer fürstlich gnad vnd die hailig cristenlich kirch zuͤ gelassen wirt / des ich mich alhie protestier vnd bezeug. Vrbüttig üwern fürstlichen gnaden all zeit vndertenigen dienst willigklich zuͤ beweisen. Datum zuͤ Stuͤttgarten an dem sechsten tag octobris. Anno 1510.

dern ihre eigenen Geschäfte betreiben.« Und weiter heißt es: »Darum soll man so verfahren, dass sie, je mehr sie durch vernünftige Gründe und Sanftmut bewogen werden, umso bereitwilliger uns nachfolgen wollen, statt vor uns zu fliehen, damit wir sie, indem wir ihnen ihre eigenen Bücher vorlegen, zu unserer Mutter, der christlichen Kirche, mit Gottes Hilfe bekehren können.« So lauten ungefähr die Worte des herangezogenen christlichen Gesetzes in D. 1.45.3 darüber, wie wir in dieser Angelegenheit mit den Juden verfahren sollen. Und der oben genannte Kanon D. 1.45.5 sagt Folgendes: »In Bezug auf die Juden hat uns das heilige Konzil geboten, künftig niemanden unter Gewaltanwendung zum Glauben zu bringen, denn ›wen Gott will, dessen erbarmt er sich, und wen er will, den verstockt er‹ [Röm 9,18]. Deshalb sind solche Menschen nicht gegen ihren Willen selig zu machen, sondern nur, wenn sie guten Willens sind, damit die Form und Gestalt der Gerechtigkeit ungeschmälert und unversehrt bleibe.« In den beiden hier angeführten Rechtstexten, der Clementinen und der Distinktion des Dekrets, haben wir das abschließende Urteil in dieser Angelegenheit, nämlich: dass man die Bücher der Juden nicht verbrennen soll und dass man sie durch vernünftige Disputationen sanftmütig und gütlich zu unserem Glauben mit Gottes Hilfe überreden soll.

Hochwürdigster Fürst, gnädigster Herr, ich will diese meine schriftlichen Ausführungen und Meinungen Eurer fürstlichen Gnaden als meinem Erzbischof unterworfen und nichts anderes geschrieben haben als das, was durch Eure fürstlichen Gnaden und die heilige christliche Kirche zugelassen ist. Das beteure ich hiermit und bezeuge, Eurer fürstlichen Gnaden allezeit untertänigen Dienst bereitwillig erweisen zu wollen. Gegeben zu Stuttgart am 6. Oktober 1510.

Anhang

Zu dieser Ausgabe

Das handschriftliche Original von Reuchlins Gutachten hat sich nicht erhalten. Überliefert ist der Text nur durch seinen Abdruck im *Augenspiegel.* Diese Ausgabe diente als Vorlage für die Texterstellung:

> Doctor Johannsen Reuchlins der K. M. als Ertzhertzogen zů Osterreich auch Churfürsten vnd fürsten gemainen bundtrichters inn Schwaben warhafftige entschuldigung gegen vnd wider ains getaufften iuden genant Pfefferkorn vormals getruckt vßgangen vnwarhaftigs schmachbüchlin Augenspiegel. [Tübingen: Anshelm, 1511] (VD 16 R 1306).

Die Edition ist auf der Grundlage des Exemplars der Bayerischen Staatsbibliothek in München, Signatur Res/4 P. lat. 1100a, erstellt worden. Dabei wurde die Zahl editorischer Eingriffe möglichst gering gehalten. Die üblichen Kürzungszeichen wurden aufgelöst. Korrigiert wurden lediglich offensichtliche Druckfehler, insbesondere vertauschte Buchstaben. Fehlende Satzzeichen am Zeilenende der zugrunde liegenden Ausgabe wurden ergänzt. Die für Drucke der Zeit typische uneinheitliche Groß- und Kleinschreibung von Namen wurde dagegen wie andere sprachliche und typographische Eigenarten beibehalten. In eckigen Klammern ist die Paginierung des Drucks von 1511 wiedergegeben. Um der besseren Lesbarkeit willen werden Absatzwechsel ergänzt.

Verglichen wurde der Text mit der kritischen Ausgabe:

> Johannes Reuchlin: Augenspiegel. In: J. R.: Sämtliche Werke. Bd. 4,1: Schriften zum Bücherstreit. Reuchlins Schriften. Hrsg. von Widu-Wolfgang Ehlers [u. a.]. Stuttgart-Bad Cannstatt 1999. S. 13–168, hier: 27–64.

Die genannten editorischen Entscheidungen führen zu einer im Detail abweichenden Textfassung.

In der Übersetzung sind Verweise auf Stellen des römischen und kanonischen Rechts in der heute üblichen Form aufgelöst. Bibelstellen werden der leichteren Nutzbarkeit wegen gemäß den gängigen deutschen Bibelausgaben und nicht nach der Vulgata angegeben. Die übrigen von Reuchlin herangezogenen Autoritäten sind in den Anmerkungen nachgewiesen, wobei nach Möglichkeit moderne kritische Ausgaben herangezogen werden. Bei vormodernen Drucken wird, soweit möglich, auf Ausgaben zurückgegriffen, die Reuchlin selbst hätte nutzen können. Im Ergebnis resultieren daraus zahlreiche Abweichungen gegenüber den in der kritischen Werkausgabe angeführten Belegen.

Die im Originaltext in hebräischer und griechischer Schrift gedruckten Begriffe werden in der Übersetzung in kursiver Umschrift wiedergegeben, die bereits im Originaltext in Umschrift gedruckten Begriffe in einfachen Anführungszeichen.

Abkürzungen und Siglen

Rechtsstellen

Clem.	Clementinae
Cod.	Codex Iustinianus
D.	Decretum Gratiani
Dig.	Digesta
Nov.	Novellae
VI	Liber Sextus Decretalium Bonifacii VIII
X	Decretales Gregorii IX. (Liber extra)

Literatur

CCSL	Corpus Christianorum Series Latina
PG	Patrologia graeca
PL	Patrologia latina
RBW	Reuchlin, Briefwechsel
WA	Martin Luther, Werke, Weimarer Ausgabe
WA Br	Martin Luther, Briefwechsel, Weimarer Ausgabe

Anmerkungen

7,4 *Uriel, Erzbischof von Mainz:* Uriel von Gemmingen (1468–1514) war am 27.11.1508 zum Erzbischof von Mainz gewählt worden. Er war an mehreren Reichstagen beteiligt und gestaltete deren Beschlüsse zur Reichsreform oder zum Reichskammergericht mit. Im Mainzer Dom, in dem er auch begraben ist, erinnert ein spätgotisches Denkmal an den Erzbischof.

11,7 f. *die Heilige Schrift, die sie ›Essrim varba‹ nennen, was 24 bedeutet:* Der Tanach, die hebräische Bibel, umfasst 24 Bücher, darauf verweist auch die heute weniger gebräuchliche Bezeichnung ›Esrim we-Arba‹, wörtlich ›Vierundzwanzig‹.

11,19 f. *›Midrasch‹ oder ›Draschoth‹:* ›Midrasch‹ wird hier als Gattungsbezeichnung für die traditionelle Auslegung der Bibel durch die Rabbinen verwendet. Wichtigster mittelalterlicher Vertreter dieser Textgattung war der später von Reuchlin erwähnte Raschi. ›Draschoth‹ oder ›Derasch‹ meint die Auslegung eines Textes unter ethisch-homiletischen Gesichtspunkten im Gegensatz zu einer auf den Literalsinn ausgerichteten ›einfachen‹ Interpretation (›Peschat‹). Anders als einige christliche Theologen interessierte sich der Hebraist Reuchlin zunächst für die rabbinische Bibelauslegung nur wenig. Das änderte sich erst im Laufe der 1510er Jahre wohl unter dem Eindruck des Judenbücherstreites. In *De arte cabalistica* zeigte er sich mit der klassischen wie der mittelalterlichen rabbinischen Literatur weit besser vertraut als noch zur Zeit seines Gutachtens.

13,1 *Nizzahon ... Toledot Jeschu ha nozri:* zwei antichristliche Schriften, die von Johannes Pfefferkorn (1469–1521) mehrfach als Beleg für die Schlechtigkeit jüdischer Bücher herangezogen wurden. Allerdings gelang es ihm trotz eifrigen Suchens nicht, Exemplare dieser Traktate in Worms oder Frankfurt am Main zu beschlagnahmen. Beim *Nizzahon* handelt es sich um eine wohl im deutschsprachigen Raum im späten 13. oder frühen 14. Jh. entstandene Sammlung hochmittelalterlicher antichristlicher Texte. Mehrere Jahrhunderte älter, aber ebenfalls mittelalterlich ist das ›Anti-Evangelium‹ *Toledot Jeschu*, eine polemische Darstellung des Lebens und Todes Jesu, die die christliche Lehre, Jesus sei der Messias, herausfordert. Berichtet wird unter anderem von seiner illegitimen Geburt sowie seiner großen Gelehrsamkeit, die sich aber mit Aufsässigkeit paarte, weshalb er sich seinen rabbinischen Lehrern widersetzt habe. Als aus den Schulen Ausgeschlossener sei er mit seinen Jüngern durch die Lande gezogen und habe Magie praktiziert. Sein Tod am Kreuz wird als schändlich dargestellt. Der Leichnam sei aus dem Grab entfernt worden, so dass seine Jünger erzählen konnten, er sei auferstanden. Dieses ›Leben Jesu‹ war handschriftlich in unterschiedlichen Fassungen weit verbreitet und wurde vom Dominikaner Raimundus Martini im 13. Jh. erstmals ins Lateinische übersetzt.

13,3 *Paul von Burgos im Scrutinium scripturarum:* Paul von Burgos, *Scrutinium scripturarum*, Straßburg: Mentelin, 1474 (GW M29974), Teil II, Distinctio 2, Kap. 6, Bl. 141ᵛ. Paul von Burgos (um 1352–1435), eigentlich Schlomo ben Jitzchaq ha-Levi, war zunächst Rabbiner in Burgos, bevor er 1390/91 zum Christentum übertrat. Daraufhin studierte er in Paris Theologie, ließ sich zum Priester weihen und hielt sich einige Zeit am Hof Papst Benedikts XIII. in Avignon auf. 1403 wurde er zum Bischof von Cartagena ernannt, Heinrich III. von Kastilien machte ihn zum Erzieher seines Sohnes Johann II. Während der Regentschaft für den minderjährigen König amtierte Paul von Burgos als Kanzler Kastiliens. Dabei übte er maßgeblichen Einfluss auf die dortige strikte Judengesetzgebung aus. 1415 wurde er Bischof seiner Heimatstadt. Sein *Scrutinium scripturarum* gehört zu den einflussreichsten apologetischen Schriften des Spätmittelalters, die gegenüber dem Judentum die Richtigkeit der christlichen Lehren demonstrieren wollen.

13,6 f. *von den dort anwesenden Juden ... gehört habe:* Reuchlin war im Herbst 1492 im Auftrag seines damaligen Dienstherrn, Graf Eberhards im Bart, an den kaiserlichen Hof nach Linz gereist. Mit einer kurzen Unterbrechung blieb er dort bis August 1493, denn er hatte im kaiserlichen Leibarzt Jakob ben Jechiel Loans (gest. 1506) einen gelehrten Juden gefunden, der ihn im Hebräischen unterwies. Durch Vermittlung von Loans erhielt er eine hebräische Handschrift, den sogenannten Codex Reuchlin 1, der den Tanach, das Targum Onkelos und masoretische Erläuterungen enthält. Reuchlin hielt auch später seinen Lehrer immer in hohen Ehren. Er dürfte der jüdische Informant gewesen sein, auf den sich Reuchlin hier beruft.

17,10 f. *»lernen wir auf Erden«:* Hieronymus, *Epistulae*, hrsg. von Isidor Hilberg, 4 Bde., Wien ²1996, Nr. 53,10 (*Ad Paulinum Presbyterum*), Bd. 1, S. 464,5.

17,14 *Petrus Lombardus in seiner Vorrede:* Petrus Lombardus, *Sententiae in IV libris distinctae*, 2 Bde., Grottaferrata 1971, Prol., Bd. 1, S. 4. Die auf Ps 119,152 anspielende Formulierung bezieht sich bei Petrus Lombardus (um 1100–1160) allerdings nicht auf die Bücher der Bibel, sondern auf die Schriften der Kirchenväter.

17,21 *Meister:* Als ›Meister‹ bezeichnet Reuchlin in seinem Gutachten sowohl jüdische als auch christliche Gelehrte. Nur gelegentlich und dann meist bezogen auf konkrete Personen verwendet er den Begriff ›Rabbinen‹. Es handelt sich um die deutsche Entsprechung zum lateinischen *magister*, einem akademischen Grad, den man an der Artistenfakultät erwarb. Davon unterschieden werden die ›Doktoren‹ der Theologie oder der Rechte, die in der spätmittelalterlichen Bildungshierarchie vor den Magistern rangierten.

17,23 *Rabbi Asse:* Gemeint ist Rav Aschi (um 352–427), Leiter des Lehrhauses in Sura. Im Anschluss an zwei Talmudzitate und Ausführungen Scherira Gaons im *Iggeret* gilt er im Mittelalter als derjenige, der den Talmud niederzuschreiben begonnen habe. Dieses Werk sei Ende des 5. Jh.s durch Ravina vollendet worden.

17,24 f. *Decretum … Buch der Sentenzen … Catena aurea:* Im 1140 erschienenen *Decretum* stellte der Mönch Gratian kirchenrechtliche Bestimmungen zusammen und versuchte, sie miteinander in Übereinstimmung zu bringen. Das *Decretum* bildet den ersten Teil des *Corpus Iuris Canonici* und wird von Reuchlin häufig herangezogen. Die *Sentenzen*, eine von Petrus Lombardus Mitte des 12. Jh.s angelegte Sammlung von Zitaten der Kirchenväter, waren ein unverzichtbares Arbeitsinstrument für scholastische Theologen. Die *Goldene Kette* bietet einen fortlaufenden Kommentar zu den vier Evangelien, den Thomas von Aquin (1225–1274) im Auftrag Urbans IV. in den 1260er Jahren aus Zitaten der Kirchenväter und weiterer Kirchenschriftsteller zusammenstellte.

17,26 f. *Hyrkanos … Herodes:* Johannes Hyrkanos II., ein Angehöriger des Geschlechts der Hasmonäer, war Hohepriester von Israel, der sich mit den Römern verbündete, um sich im Thronstreit mit seinem

Bruder durchzusetzen. Seine Enkelin Mariamne war die Gemahlin des Herodes. 30 v. Chr. wurde er als Verschwörer hingerichtet.

17,28 *andere Männer namens Hyrkanos:* Reuchlins Zweifel sind berechtigt. Vielleicht liegt hier eine Verwechslung von Johannes Hyrkanos II. mit dem Rabbiner Eliezer ben Hyrkanos (90–130) vor.

17,30 f. *Giovanni Pico della Mirandola … Apologia:* Giovanni Pico della Mirandola, *Apologia. L'autodifesa di Pico di fronte al tribunale dell'Inquisizione*, hrsg. von Paolo Edoardo Fornaciari, Florenz 2010, S. 190. Giovanni Pico della Mirandola (1464–1494) plante für Anfang 1487 eine öffentliche Disputation in Rom, bei der er 900 Thesen diskutieren wollte. Die berühmte Rede *Über die Würde des Menschen* war als Einleitung zu dieser Disputation gedacht. Pico wollte die Gesamtheit des damals verfügbaren philosophischen und theologischen Wissens in systematischer Form entfalten und eine eigene Synthese formulieren. Die Wissensbestände hierarchisierte er nach ihrer vermeintlichen Nähe zum ursprünglichen, den Menschen von Gott gegebenen Wissen. Daher veranschlagte er das mittelalterliche scholastische Wissen gering, das antike griechische höher, noch bedeutsamer erschien ihm aber das Wissen der Pythagoräer, der Orphiker und dasjenige der Chaldäer und Ägypter. An der Spitze der Wissenshierarchie sah er das alte Wissen der Hebräer, das Pico in der Kabbala vorzufinden meinte, da er diese auf eine mündliche Offenbarung an Moses zurückführte. Nach einer Intervention durch Papst Innozenz VIII. (1484–1492) fand die Disputation nicht statt. Eine Theologenkommission prüfte die Thesen und befand schließlich 13 für häretisch. Pico versuchte dem Urteil zuvorzukommen, indem er die strittigen Thesen mit seiner *Apologia* verteidigte. Der Papst und die Kommission sahen dies jedoch als Ungehorsam an, weswegen Pico Rom fluchtartig verließ.

19,2 *viel länger als 1000 Jahre:* Die Forschung nimmt heute zumeist an, dass die Redaktion des Jerusalemer Talmuds im späten 4. oder in der ersten Hälfte des 5. Jh.s abgeschlossen war, diejenige des Babylonischen Talmuds im 5. oder in der ersten Hälfte des 6. Jh.s.

19,4 *vier höhere Fakultäten:* Die mittelalterliche Universität bestand typischerweise aus der für das sprachlich-philosophische ›Grundstudium‹ zuständigen Artesfakultät und den höheren Fakultäten Medizin,

Jura und Theologie, wobei Jura in weltliches (römisches) und kirchliches (kanonisches) Recht differenziert wurde.

19,9 ff. *Petrus Nigri … Stern des Meschiah:* Petrus Nigri, *Stern des Meschiah*, Esslingen: Fyner, 20.12.1477 (GW M27104), Traktat 11, Kap. 8, Bl. 308^{r-v}. Der Dominikaner Petrus Nigri (um 1435–1483) hatte während seiner Studienzeit in Salamanca Hebräisch gelernt. Zwischen 1474 und 1476 predigte er in Regensburg, Bamberg und Nürnberg mit dem Ziel, die Juden zu missionieren. Wiederholt bot er eine öffentliche Disputation an, um den Juden aus ihren Schriften die Richtigkeit des christlichen Glaubens zu beweisen. Auf der Grundlage der Regensburger Predigten verfasste er den lateinischen *Tractatus contra perfidos Iudaeos* sowie eine erweiterte deutschsprachige Fassung, die 1477 unter dem Titel *Stern des Meschiah* veröffentlicht wurde. Nigri reproduzierte darin die typischen Argumente religiös begründeter Judenfeindschaft. Überzeugt von der Notwendigkeit, die Juden aus den von ihnen anerkannten hebräischen Schriften zu bekehren, zitierte er in deutscher Umschrift häufig die hebräische Bibel nach dem masoretischen Text.

21,30 f. *Oberrabbiners von Ulm:* Moses Gunzenhauser bzw. Zaret (gest. 1518) war in den 1480er und 1490er Jahren Hochmeister in Ulm und einer der fünf Rabbiner, die vom Kaiser eingesetzt wurden, um die kaiserlichen Steuern in den jüdischen Gemeinden zu erheben. Unter Zwang konvertierte er 1495 zum Christentum. Später ging er in die Türkei und nach Palästina, wo er zu seinem alten Glauben zurückkehrte.

23,23 f. *zugehörige Glosse:* Glosse des Johannes Andreae, vgl. *Sextus decretalium: cum certis additionibus Johannis Andree. Constitutiones Clementinarum*, hrsg. von Sebastian Brant, Basel: Froben, 1494 (GW 4890), fol. $JJ2^{r-v}$.

25,5 *Sophistischen Widerlegungen:* Aristoteles, *De sophistici elenchis* 165a.

25,10 *Bachanten-Argument:* Als ›Bachanten‹ wurden fahrende Schüler bezeichnet, die nicht mehr ganz jung waren, über begrenzte Kenntnisse verfügten und ihren Lebensunterhalt durch Bettelei, Betrügereien und das Unterrichten jüngerer Schüler bestritten.

25,16 f. *Sankt Hieronymus gegen Jovinian:* Hieronymus, *Adversus Jovinianum*, PL 23, Sp. 212A.

25,22 *oben genannten Buch:* Aristoteles, *De sophistici elenchis* 165a.

25,22 f. *Augustinus in De vera religione:* Augustinus, *De vera religione*, Kap. L,99, CCSL 32, S. 251,29–32.

27,3 f. *Büchlein gegen die Juden:* Johannes Pfefferkorn, *Ich bin ain Buchlin. der Juden veindt ist mein namen*, Köln: Landen, 1509, fol. a2v.

27,7 f. *we-lameshumadim (›Und den Vertilgern‹):* Im *Judenfeind* stellte Pfefferkorn den jüdischen Glauben und die jüdische religiöse Praxis als fundamental christenfeindlich dar. Als ein Beleg diente ihm wie zahlreichen judenfeindlichen Autoren zuvor der sogenannte Ketzersegen (Birkat ha-Minim) der Amida, des Achtzehnbittengebets. Dieses Gebet ist das zentrale Element jüdischer Liturgie. Die zwölfte Bitte, deren Beginn Reuchlin hier in einer im Mittelalter verbreiteten Form zitiert, ersucht um Schutz gegen die Feinde Israels, insbesondere gegen Apostaten (*meshumadim*) und in anderen Varianten gegen *minim* (›Abtrünnige, Häretiker‹), worunter Juden seit der Spätantike zumeist Christen verstanden. Reuchlins Argument, dass dieses Gebet sich keinesfalls pauschal gegen Christen und das Heilige Römische Reich richtete, spiegelt bis zu einem gewissen Grad die zeitgenössischen Interpretationen der Bitte durch jüdische Gelehrte, die unter dem Eindruck wachsender christlicher Polemik im Spätmittelalter begannen, eine antichristliche Stoßrichtung der Bitte abzuschwächen oder gänzlich zu bestreiten.

27,15 ff. *findet man in dem Gebet kein Wort … meint:* Reuchlin bezieht sich auf Pfefferkorns Übersetzung des Achtzehnbittengebets, das dieser in hebräischen Buchstaben, in lateinischer Umschrift und auf Deutsch hatte drucken lassen, vgl. Pfefferkorn, *Juden veindt* (Anm. zu 27,3 f.), fol. a3v. Pfefferkorns Verdeutschung lautet: »[…] zů den getaufften ist kain hoffnung vnd alle vnglaubigen sollen schnelliglich vergon vnd ale die find deines volckes israhel vndertruckt vnd verdilgt werden das geschech bald.« Reuchlin will zeigen, dass diese Übersetzung ungenau, wenn nicht böswillig verzeichnet sei, da von ›Getauften‹ und ›Ungläubigen‹ im Hebräischen nicht die Rede sei, man das Gebet also nicht als gegen die Christen gerichtet verstehen solle.

29,16 f. *Glosse zu X 5.6.9:* Glosse des Bernardus Parmensis, vgl. *Decretalium domini pape Gregorij noni compilatio accurata diligentia emendata*, Basel: Froben/Amerbach, 1500 (GW 11502), fol. Ff1v. In Bezug auf das päpstliche Verbot, jüdische Friedhöfe zu schänden, erläuterte der Kanonist Bernardus Parmensis (gest. 1266), die Juden seien keine Feinde der Christen, weshalb rechtliche Bestimmungen zum Umgang mit Gräbern von Feinden auf sie keine Anwendung fänden.

29,19 f. *meint seiner Wortbedeutung nach nicht ›das Reich‹*: Pfefferkorn hatte im *Judenfeind* behauptet, das Gebet der Juden richte sich insbesondere gegen das Römische Reich, dessen Untergang sie erhofften. Er dürfte erwartet haben, dass diese Unterstellung den Kaiser zusätzlich motivierte, gegen die Juden und ihre Bücher vorzugehen. Reuchlin wendet dagegen ein, dass auch diese Interpretation nicht durch den Wortlaut des Gebets gedeckt ist, da hier von einem ›Reich‹ gar nicht die Rede sei.

31,33 f. *Raimundus Martini ... Pugio fidei:* Der katalanische Dominikaner Raimundus Martini (gest. vor 1294) gehörte zu einer 1264 eingesetzten Kommission, die hebräische Schriften auf antichristliche Aussagen prüfen sollte. Vielleicht hatte er 1263 an der Disputation von Barcelona teilgenommen. Seine umfangreichen Sprachkenntnisse nutzte er, um aus jüdischen, muslimischen und christlichen Schriften die Wahrheit des Christentums zu erweisen. In seinem *Pugio fidei* (*Glaubensdolch*), vollendet um 1278, zitierte er zu diesem Zweck ausführlich den Talmud, zahlreiche Midraschim sowie die Bibelkommentare von Rashi, Abraham ibn Esra und David Kimchi. Die Kapiteleinteilung des dritten Teils des *Glaubensdolches* weicht in den meisten mittelalterlichen Handschriften und insbesondere im Autograph (Paris, Bibliothèque Sainte-Geneviève, Ms 1405) von den frühneuzeitlichen Drucken ab. Das von Reuchlin genannte Kapitel 20 entspricht im Leipziger Druck von 1687 dem Kapitel 22, welches das Werk mit einer scharfen Polemik gegen das Judentum beendet; Raimundus Martini, *Pugio fidei*, hrsg. von Benedikt Carpzov, Leipzig: Lanckis, 1687, Teil III, Distinctio 3, Kap. 22, S. 919–940.

33,3 *Fortalicium fidei:* Alfonso de Spina, *Fortalicium fidei contra iudeos saracenos aliosque christiane fidei inimicos*, Nürnberg: Koberger, 1494 (GW 1578), Lib. III, consideratio secunda, quarta und octava, fol. 79^{ra-vb}, 88^{ra-vb}, 151ra–163vb. Ob der Franziskaner Alfonso de Spina (gest. 1491) ein Konvertit war, ist in der Forschung umstritten. Seit den 1450er Jahren arbeitete er an seinem umfangreichen Traktat *For-*

talicium fidei, der die Göttlichkeit Jesu gegen die Häretiker, die Juden und die Muslime erweisen will. Im dritten Buch griff Alfonso de Spina das Judentum scharf an, dem er Irrtümer, Blasphemien und Torheiten nachzuweisen suchte. Dabei verbreitete er auch die topischen Vorwürfe der rituellen Ermordung christlicher Kinder, der Hostienschändung und der Brunnenvergiftung.

33,3 f. *Paulus Burgensis in seinen Additiones zu Jes 34 und Sach 5: Biblia* mit der *Glossa ordinaria*, der *Postilla* des Nicolaus de Lyra, der *Expositio in omnes prologos Sancti Hieronymi* des Guillelmus Brito, den *Additiones* des Paulus Burgensis und *Replicationes* des Matthias Doering, hrsg. von Sebastian Brant, 6 Bde., Basel: Froben/Petri, 1498 (GW 4284), Bd. 4, fol. i6^{r}, nn5^{r}.

33,4 f. *Petrus Nigri im Stern des Meschiah: Stern des Meschiah* (Anm. zu 19,9 ff.), Traktat 11, Kap. 8, Bl. 308^{r}–309^{v}.

33,5 f. *Johannes Pfefferkorn, der Anstifter dieser Angelegenheit:* eine von zwei Stellen im Gutachten, an denen Reuchlin seinen Antagonisten namentlich nennt, was gemäß den damaligen Regeln gelehrter Auseinandersetzungen einen offenen Angriff bedeutete; er spielt an auf Johannes Pfefferkorn, *Der Joeden spiegel*, Köln[: Landen], 1507 (VD 16 P 2299), fol. G1^{v}–G2^{r}.

33,18 *Cod. 2.1.2 mit der Glosse:* Glosse des Accursius, vgl. Codex, Venedig: Torresanus, 1489 (GW 7738), fol. 32^{v}–33^{r}.

33,19 *Bartolus zu dieser Stelle:* Bartolus de Saxoferrato, *Commentaria in primam Codicis partem*, hrsg. von Alexander Losaeus, Lyon: de Harsy, 1550, fol. 46^{v}–47^{r}.

35,2 *Petrus Nigri: Stern des Meschiah* (Anm. zu 19,9 ff.), Traktat 11, Kap. 8, Bl. 309^{r-v}.

35,3 *Johannes Pfefferkorn:* Pfefferkorn, *Joeden spiegel* (Anm. zu 33,5 f.), fol. G2^{r}.

37,9–12 *Xenophon ... Büchlein in griechischer Sprache:* Xenophon, *Hellenika* III,4,18–19.

39,15 *›schola‹ bedeutet ›Freisein‹:* im Sinne des Freiseins von geschäftlichen oder militärischen Verpflichtungen.

41,27 *Gebrauch des kleinen Wortes ›und‹ oder ›auch‹:* Reuchlin zitiert hier Joh 5,39. Das im griechischen Urtext stehende *kai* bedeutet ›und‹ und ›auch‹.

43,10 *aus ihrem Talmud:* Babylonischer Talmud, Sanhedrin 97a; Avodah Zarah 9a. Dies ist die einzige Stelle, an der Reuchlin sich auf Aussagen des Talmuds bezieht. Vermittelt ist ihm die Vorstellung, der Messias käme 4000 Jahre nach der Schöpfung, durch christliche Autoren, da er den Talmud nach eigener Aussage zum Zeitpunkt des Gutachtens nicht kannte. Mögliche Vorlagen sind *De fide catholica contra haereticos* des Alanus ab Insulis oder die *Quaestio de Christi adventu* des Nikolaus von Lyra.

43,17 f. *das Jahr 5271:* Der jüdische Kalender zählt die Jahre ab dem Beginn der Schöpfung der Welt, die der jüdische Patriarch Hillel II. (ca. 350–365) auf das Jahr 3761 v. Chr. berechnete; hier also: September 1510 – September 1511.

43,33 f. *Cod. 4.29.23.1 und die zugehörige Glosse sowie Baldus zu dieser Stelle:* Glosse des Accursius, vgl. Codex (Anm. zu 33,18), fol. 97ᵛ; Baldus de Ubaldis, *Lectura super partes Codicis*, 4 Bde., Lyon: Siber, ca. 1498 (GWM48453), Bd. 2, fol. i6ʳ.

45,10 *Scrutinium scripturarum:* Paul von Burgos, *Scrutinium scripturarum* (Anm. zu 13,3), Vorrede, Bl. 1ᵛ.

47,6 *Aristoteles … in den Sophistischen Widerlegungen:* Aristoteles, *De sophistici elenchis* 177b.

47,11 f. *Athenagoras an die römischen Kaiser Marcus Aurelius Antoninus und Lucius Aurelius Commodus:* Athenagoras, *Legatio pro Christianis*, PG 6, Sp. 892A. Der zum Christentum konvertierte Philosoph Athenagoras wandte sich in seiner wohl 177 entstandenen *Legatio* oder *Supplicatio* an Marc Aurel und seinen Sohn Commodus, um Vorurteile gegen die Christen zu widerlegen und die christliche Religion zu verteidigen.

49,13 f. *den Büchern des Bischofs von Burgos:* Gemeint sind die im Spätmittelalter beliebten *Additiones*, umfangreiche exegetische Erläuterungen des Paul von Burgos zur *Postilla* des Nikolaus von Lyra.

49,30 *in der erwähnten Vorrede:* Paul von Burgos, *Scrutinium scripturarum* (Anm. zu 13,3), Bl. 1^{r-v}.

51,8 f. *im dritten Buch des Fortalicium:* Alfonso de Spina, *Fortalicium fidei* (Anm. zu 33,3), Lib. III, consideratio secunda, fol. 79^{ra-vb}.

51,12 *Nikolaus von Lyra:* Der Franziskaner Nikolaus von Lyra (gest. 1349) legte in seiner sehr erfolgreichen *Postilla litteralis* den Bibeltext in Bezug auf den Literalsinn aus. Seine Hebräischkenntnisse ermöglichten ihm, von der jüdischen Schriftauslegung zu profitieren, wobei er insbesondere Raschi intensiv nutzte.

51,17 *schreibt er Folgendes:* Nikolaus von Lyra, *Questiones disputate contra hebreos*, Neapel 1477 (GW M26685), Bl. 4^{v}.

51,24 *Petrus Alfonsi:* Der sehr populäre *Dialogus* des 1106 in Huesca zum Christentum konvertierten Arztes Petrus Alfonsi (eigentl. Moses, 1076 – nach 1130) entstand um 1110. Konzipiert ist das Werk als Gespräch zwischen Moses und Petrus, welche das alte jüdische bzw. das neue christliche Ich des Verfassers repräsentieren. Um seine Konversion zu begründen, stellt er jüdische Irrtümer christlichen Wahrheiten gegenüber, wobei er sich auf das Alte Testament und rabbinische Literatur stützt; vgl. Petrus Alfonsi, *Dialogus*, krit. Ed. mit dt. Übers., hrsg. von Carmen Cardelle de Hartmann [u. a.], Florenz 2018.

51,24 f. *Alfonsus Conversus in … De bellis Dei:* Gemeint ist wohl die auf Hebräisch verfasste antijüdische polemische Schrift *Milkhamoth ha-Schem* des Konvertiten Alfonso von Valladolid (eigentl. Abner von Burgos, um 1265–1347). Das Werk ist nicht erhalten, Zitate sind bekannt aus dem *Scrutinium scripturarum* des Paul von Burgos und dem *Fortalicium fidei* des Alfonso de Spina. Auch Reuchlin dürfte es auf diese Weise kennengelernt haben.

51,25 *Johannes de Podico:* Möglicherweise meint Reuchlin den Konvertiten Johannes Hispalensis, der im 12. Jh. zahlreiche Schriften aus dem Arabischen übersetzte. Zeitweise arbeitete er mit dem Dominikaner Dominicus Gundisalvi zusammen.

51,26 *Hieronymus:* Josua ben Josef Lorki (gest. um 1419), Arzt Papst Benedikts XIII., der zum Christentum konvertierte und den Namen Hieronymus de Sancta Fide annahm. Er war entscheidend beteiligt an der Disputation zwischen jüdischen und christlichen Gelehrten, die 1413 bis 1414 auf Betreiben des Papstes in Tortosa stattfand. Dabei polemisierte er scharf gegen den Talmud. Nachdem Benedikt XIII. die christliche Seite zu Siegern erklärt hatte, ordnete er an, den Talmud zu zensieren und aus christlicher Sicht anstößige Teile zu vernichten.

51,32 *Hieronymus an Athleta:* Hieronymus, *Epistulae* (Anm. zu 17,10 f.), Nr. 107,12 (*Ad Laetam de institutione filiae*), Bd. 2, S. 303,8 f.

53,13–17 *Kaiser Julian … Kyrill:* Kaiser Flavius Claudius Iulianus (360–363), von seinen christlichen Gegnern als Iulianus Apostata bezeichnet, polemisierte mehrfach gegen die christliche Religion, gipfelnd in der nur durch Zitate seiner Gegner überlieferten Schrift *Gegen die Galiläer.* Bischof Kyrill von Alexandria (gest. 444) machte sich zwischen 416 und 428 daran, eine umfangreiche Widerlegung zu verfassen, welche das Christentum verteidigte.

53,19 f. *Hieronymus in einer Predigt:* Hieronymus, *De Exodo, in vigilia paschae*, CCSL 78, S. 539,84–91.

55,1 *Freidank:* Freidank war ein fahrender Spruchdichter, der im zweiten Viertel des 13. Jh.s belegt ist. In der Sammlung seiner Sprüche mit dem Titel *Bescheidenheit* ist der von Reuchlin angeführte Zweizeiler nicht enthalten; vgl. *Fridankes Bescheidenheit*, hrsg. von Heinrich E. Bezzenberger, Halle 1872.

55,21–28 *Kyrill … beschrieben haben:* Kyrill von Alexandria, *Adversus Julianum*, Lib. IX, PG 76,964A–C.

57,20 f. *Porphyrios … im ersten Buch seiner Philosophiegeschichte:* Porphyrios, *Vie de Pythagore. Lettre à Marcella*, hrsg. von Éduard des Places, Paris 1982, 42, S. 55.

57,21 f. *Hieronymus … an den Priester Rufinus:* Hieronymus, *Epistola adversus Rufinum*, CCSL 79, S. 109,46–64.

57,26 *Lysis … an Hipparchos:* Diogenes Laertius, *Vitae* VIII, 42; vgl. Alfons Städele, *Die Briefe des Pythagoras und der Pythagoreer*, Meisenheim am Glan 1980, S. 154–159.

57,30 ff. *Platon … in den Sendschreiben oder Briefen:* Platon, epist. II, 314a; VII, 341c–e.

59,1 f. *Julius Caesars … in den Commentarii de bello Gallico:* Gaius Iulius Caesar, *Commentarii de bello Gallico* VI,14.

59,5 f. *Geber … Summa perfectionis magisterii:* ein stark von arabischen Autoren abhängiges alchemistisches Werk, das im 13. Jh. vermutlich vom Franziskaner Paulus de Tarento verfasst und unter dem Namen Gebers verbreitet wurde; William R. Newman (Hrsg.), *The »Summa perfectionis« of Pseudo-Geber. A Critical Edition, Translation, and Study*, Leiden [u. a.] 1991.

59,6 f. *Arnold de Villa Nova in seinem Rosarius:* ein im 14. Jh. entstandenes, bis ins 17. Jh. viel genutztes alchemistisches Kompendium arabischer und lateinischer Autoritäten, das häufig Arnaldus de Villanova (um 1235–1311) zugeschrieben und auch in die von Tommaso Murchi besorgte Ausgabe von dessen *Opera*, die 1504 in Lyon erschienen, aufgenommen wurde.

59,7 ff. *Llull ... und im Buch Experimenta:* Dem von Mallorca stammenden Philosophen, Dichter und Theologen Ramon Llull (1232–1316) wurden im Spätmittelalter zahlreiche alchemistische Schriften zugeschrieben, darunter auch die von Reuchlin genannten.

59,9 f. *Johannes Stirus Anglicus im Rosarius:* Gemeint ist wohl der englische Alchimist John Dastin (erste Hälfte des 14. Jh.s), dem ein *Rosarius* zugeschrieben wurde.

59,10 *Arcturus in der Ars:* vermutlich ein Verweis auf die lange Zeit Richard de Fournival zugeschriebene, im 13. Jh. entstandene Schrift *De arte alchemica*, die mit den Worten beginnt: »Dixit Arturus explicator huius operis«. Behandelt wird die alchemische Transformation von Arsen.

59,17 f. *mumia, ›Heilmittel‹:* Das mittellateinische *mumia*, ein Lehnwort aus dem Arabischen, bezeichnete die Substanz, mit der ein Leichnam einbalsamiert wurde, später den einbalsamierten Leichnam selbst. Gleichzeitig galt diese Substanz als Heilmittel; in dieser Bedeutung wurde *mumia* im lateinischen medizinischen Schrifttum des 14. bis Ende des 16. Jh.s verwendet. Vgl. Raja Tazi, *Arabismen im Deutschen*, Berlin / New York 1998, S. 268 f.

59,19 *mit Worten poetischen Rasens:* Anspielung auf die von den Florentiner Gelehrten um Marsilio Ficino (1433–1499) verbreitete neuplatonische Lehre des *furor poeticus*, des göttlich inspirierten Rasens als Grundlage wahrer Dichtung.

61,16–19 *dass man aus dem Mond ... Merkur etc.:* Anspielung auf alchemistische Lehren, in deren Zentrum die Umwandlung eines Stoffes in einen anderen stand. Insbesondere strebte man die Transmutation unedler Metalle in Silber und Gold an. Der Mond stand dabei für Silber, die Sonne für Gold. ›Flüchtiger Knecht‹ und ›langsamer Merkur‹ verweisen auf alchemistische Versuche, das flüssige Quecksilber (lateinisch *mercurium*) zu verfestigen.

63,3 f. *Alexander der Große ... gelesen:* Plutarch, *Alexandros* 8.

63,6 ff. *Chrysostomos hat ... Aristophanes ... zur Hand gehabt:* Der mit

Reuchlin befreundete venezianische Drucker Aldus Manutius (1449–1515) berichtete in seiner Vorrede zur 1498 erschienenen Ausgabe der Komödien des Aristophanes, der Kirchenvater Johannes Chrysostomos habe den antiken Autor so sehr geliebt, dass er eine Ausgabe der Komödien immer zur Hand und sie sogar als Kopfkissen genutzt habe; vgl. Aldus Manutius, *The Greek Classics*, hrsg. von N. G. Wilson, Cambridge (Mass.) / London 2016, S. 70–72.

63,15 f. *Basilius einen eigenen Traktat:* Basilius Magnus, *Sermo de legendis libris gentilium*, PG 31, Sp. 563–590.

65,9–13 *ordnet die heilige christliche Kirche an … verworfen worden sind:* stark geraffte Zusammenfassung des sogenannten *Decretum Gelasianum* nach Grat. 1,15,3. In dieser Papst Gelasius I. (492–496) zugeschriebenen Dekretale werden neben den kanonischen biblischen Büchern auch jene Schriften aufgelistet, die von Gelasius und siebzig ihn beratenden Bischöfen als apokryph verworfen worden seien. In der erhaltenen Form stammt diese Liste aus dem 6. Jh.

65,30 f. *Konzil zu Chalkedon … zu Ephesus:* Auf den Konzilien von Ephesos (431) und Chalkedon (451) wurden dogmatische Festsetzungen vorgenommen und abweichende Lehren verurteilt. Dies traf auch den Theologen Nestorius (ca. 381–451/453) und dessen Anhänger, die glaubten, in Christus als Einheit seien seine göttliche und seine menschliche Natur zusammengekommen, die vollkommen und unvermischt seien. Diese Lehre wurde auf dem Konzil von Ephesos als Häresie verurteilt. Der byzantinische Mönch Eutyches (370/378–454) war ein entschiedener Gegner der Nestorianer, doch im Zuge der Verwerfung des Monophysitismus durch das Konzil von Chalkedon wurde auch seine Lehre verurteilt. Eutyches glaubte, nach der Inkarnation habe Christus nur eine göttliche Natur gehabt, während seine menschliche Natur vergöttlicht worden und in einem einzigen Wesen aufgegangen sei.

67,4 *Cod. 1.5.8.9 und Cod. 1.5.6:* Die Beschlüsse des Konzils von Ephesos gegen Nestorius und die Nestorianer sowie diejenigen des Konzils von Chalkedon gegen den Monophysitismus wurden vom weströmischen Kaiser Valentianus III. (425–455) und den oströmischen Kaisern Theodosius II. (408–450) bzw. Marcianus (450–457) bestätigt und fanden so Eingang in den *Codex Iustinianus*.

67,16 f. *Cod. 1.9.8 und dazu Bartolus*: Bartolus, *Commentaria* (Anm. zu 33,19), fol. 32^{v}.

67,18 f. *vorletzte Glosse zu Clem. 5.5.1:* Glosse des Johannes Andreae, vgl. *Constitutiones Clementinarum* (Anm. zu 23,23 f.), fol. $JJ2^{r-v}$.

69,3 *öffentlich anschlagen lassen:* Giovanni Pico della Mirandola, *900 Thesen*, lat./dt., übers. und hrsg. von Nikolaus Engel, Hamburg 2018, S. 162.

69,10 *Petrus Garcia:* Der spanische Theologe Petrus Garcia (um 1440–1505) war 1486/87 in der Kontroverse um die 900 Thesen Giovanni Picos dessen entschiedenster Gegner und prägte die Arbeit der seine Lehren prüfenden Theologenkommission. Garcia, damals Bischof von Ales auf Sardinien, seit 1490 Bischof von Barcelona, veröffentlichte 1489 eine Widerlegung von Picos *Apologia* unter dem Titel *Determinationes magistrales*; vgl. Jérôme Rousse-Lacordaire, *Une controverse sur la magie et la kabbale à la Renaissance*, Genf 2010.

69,14 *Magister palatii:* Amtsbezeichnung des päpstlichen Haustheologen, zu dieser Zeit der Dominikaner Paolo Moneglia (1444–1502); neben ihm waren drei Kardinäle an der Kommission beteiligt.

69,20 f. *durch ein apostolisches Breve … approbiert:* eine geschönte Darstellung der Ereignisse. Innozenz VIII. hatte 1487 den Druck und die Rezeption von Picos 900 Thesen und seiner *Apologia* verboten. Am 18. 6. 1493 erhielt Pico durch ein Breve Alexanders VI. die Absolution, allerdings wurden die Zweifel an der Orthodoxie der 13 Thesen nicht aufgehoben. Insofern ist es unzutreffend, wenn Reuchlin diesen Akt als Bestätigung der *Apologia* interpretiert.

69,26 *legt er dar:* Pico della Mirandola, *Apologia* (Anm. zu 17,30 f.), S. 28.

71,21 f. *Abraham ibn Ezra, Moses ibn Gabirol und Rabbi David Kimchi:* Der aus Spanien stammende Abraham ibn Esra (ca. 1092–1167) machte sich einen Namen als Grammatiker und Bibelexeget. Seine Kommentare zu biblischen Büchern konzentrierten sich auf den Literalsinn unter Verzicht auf allegorische und kabbalistische Deutungen. Mit Moses ibn Gabirol ist wohl der ebenfalls aus Spanien stammende Philosoph und Dichter Solomon ibn Gabirol (1021/22–1057/58) gemeint, lateinischen Gelehrten bekannt als Avicebron. Sein philosophisches Hauptwerk *Fons vitae* folgt der neuplatonischen Idee, dass Gottes Wille alle aus Materie und Form zusammengesetzten Dinge durchdringe. Der in Narbonne geborene David Kimchi (1160–1235) verfasste zahlreiche stark philologisch und grammatisch ausgerichtete, aber auch rabbinische Auslegetraditionen integrierende Bibelkommentare. Von Reuchlin wurde er vor allem als Grammatiker geschätzt. In seinen *Rudimenta* stützte er sich stark auf Kimchis *Sefer ha-Michlol.*

71,24 *Priscian, die Cornucopia, Servius und Donat:* Die *Institutio de arte grammatica* des Priscianus Caesariensis (6. Jh.) und die *Ars minor* sowie die *Ars maior* des Aelius Donatus (ca. 310–380) waren zentrale Werke für den mittelalterlichen Lateinunterricht, wobei die Humanisten in der Regel Priscian gegenüber Donat bevorzugten. Von Maurus Servius Honoratus (4. Jh.) hat sich ein Kommentar zur Grammatik des Donat erhalten. Die *Cornucopia* des italienischen Humanisten Niccolò Perotti (1429–1480), formal ein Kommentar zu Martial, war aufgrund der zusammengetragenen Informationen eine veritable Enzyklopädie der Antike.

71,26 *Rabbi Salomon:* Der in Troyes geborene und zeitweise in Mainz und Worms lehrende Raschi, ein Akronym des Namens Schelomo Jizchaqi (1040–1105), gehörte zu den einflussreichsten jüdischen Gelehrten des Mittelalters. In seinem Bibelkommentar präferierte er zwar erklärtermaßen eine Auslegung nach dem einfachen Wortsinn, integrierte jedoch auch rabbinische Traditionen. Dieses Vorgehen kennzeichnet auch seinen Kommentar zu einem Großteil des Babylonischen Talmuds. Seit dem Erstdruck des Talmuds durch Daniel Bomberg in den 1520er Jahren wird Raschis Kommentar ihm regelmäßig beigegeben.

Rabbi Moses Nachmanides: Moses Nachmanides (1194–1270) verfasste neben zahlreichen halachischen Werken einen Torakommentar, der behutsam auch einige kabbalistische Vorstellungen aufnahm. In der Disputation von Barcelona trat er 1263 der Behauptung des Konvertiten Pablo Christiani entgegen, der Talmud beweise die Wahrheit der christlichen Lehren.

71,27 *Rabbi Levi ben Gershon:* Levi ben Gershon (1288–1344), bekannt als Gersonides oder Leo Hebraeus, tat sich u. a. in Mathematik, Astronomie und Philosophie hervor. In seinem Hauptwerk *Milkhamot ha-Shem (Die Kriege des Herrn)* setzte er sich kritisch mit Aristoteles,

Averroes und Maimonides auseinander. Neben Bibelkommentaren verfasste Gersonides auch einige halachische Werke und war ein guter Kenner des Talmuds.

71,28 f. *Rabbi Josef und Rabbi David Kimchi ... sowie dessen Bruder Moses Kimchi:* Josef Kimchi (ca. 1105–1170) verfasste wie seine Söhne David und Moses grammatisch-lexikalische Werke und vermittelte in ihnen in kritischer Abgrenzung zur christlichen Neigung allegorischer Bibelinterpretation die Vorstellung, der literarische und historische Kontext sei bei der Deutung eines Verses unbedingt zu beachten. Die hebräische Grammatik seines Sohnes Moses Kimchi (ca. 1127–1190) avancierte in der Übersetzung Sebastian Münsters zu einem bevorzugten Lehr- und Handbuch christlicher Hebraisten des 16. Jh.s.

71,32 *Eustathios über Homer und Theon über Ptolemäus:* Unter Humanisten genoss die mittelalterliche lateinische Kommentartradition nur geringes Ansehen. Dementsprechend nennt Reuchlin als in seinen Augen kompetente Kommentatoren den Byzantiner Eustathios von Thessalonike (ca. 1100–1195) und den spätantiken Gelehrten Theon von Alexandria (ca. 335–405), auf die man nicht verzichten könne, um die antiken Referenztexte zu verstehen.

75,10 *Hilarius:* Hilarius, Bischof von Poitiers (315–367), verfasste u. a. einen Kommentar zum Markusevangelium und das dogmatische Werk *De trinitate*, das sich mit der arianischen Lehre auseinandersetzte. Seine von Reuchlin hier allzu negativ beurteilten Griechischkenntnisse erlaubten es ihm, die theologischen Diskussionen des griechischen Ostens in den lateinischen Westen zu vermitteln.

75,16 f. *Hieronymus im Brief an Marcella ... und im Brief an Damasus:* Hieronymus, *Epistulae* (Anm. zu 17,10 f.), Nr. 34,3, *Ad Marcellam*, Bd. 1, S. 261,20–262,20; Nr. 20, *Ad Damasum*, Bd. 1, S. 104–110.

75,19 *De rudimentis hebraicis:* 1506 brachte Reuchlin sein hebraistisches Lehrwerk *De rudimentis hebraicis* bei Thomas Anshelm heraus. Es besteht aus drei Teilen: Auf eine Einführung in das hebräische Alphabet und die Vokalisierung folgen ein hebräisches Wörterbuch sowie Ausführungen zur hebräischen Grammatik, insbesondere zu Substantiven, Verben und zur Syntax. Anders als vom Verfasser erhofft, erwies sich das in der hohen Auflage von 1500 Exemplaren gedruckte

Werk hinsichtlich der Verkaufszahlen als Fehlschlag; vgl. RBW II, Nr. 138, S. 33–55; Nr. 163, S. 132–135.

75,31 *Glosse zu X 5.6.5:* Glosse des Bernardus Parmensis, vgl. *Decretalium compilatio* (Anm. zu 29,16 f.), fol. Ee8^{v}–Ff1^{r}. Nach Bernardus Parmensis darf die Kirche über Juden urteilen und Kirchenstrafen verhängen, um diese daran zu hindern, Gemeinschaft mit Christen zu pflegen, christliches Eigentum zu erwerben, rechtliche Maßnahmen gegen Christen einzuleiten und öffentliche Ämter zu bekleiden; zu achten habe die Kirche auch darauf, dass die Juden keine neuen Synagogen errichteten oder an Tagen der Trauer in der Öffentlichkeit umhergingen; Juden müssten den Zehnten für die Ländereien zahlen, die sie bestellten, und seien gehalten, christlichen Besitz nicht zu vermindern; schließlich dürften Juden nicht in Testamenten von Christen begünstigt werden, andernfalls seien Letztere zu exkommunizieren.

77,18 f. *Glossen von Azo und Bartolus zu Cod. 9.18.4:* Azo, *Summa super nouem libri Codicis ac quatuor Institutionum*, Pavia: Christophorus de Canibus / Stephanus de Georgiis, 1484 (GW 3145), fol. 278^{r}; Bartolus de Saxoferrato, *In secundam Codicis partem*, hrsg. von Alexander Losaeus, Lyon: de Harsy, 1550, fol. 139^{r}.

77,30 *Kapselträger:* Der *capsarius* war im antiken Rom ein Sklave, der die Söhne seines Herren in die Schule begleitete und ihren Bücherkasten trug.

77,33 *Thomas von Aquin, in seinem Kommentar zu Röm 9,2:* Thomas von Aquin, *Super epistolam ad Romanos*, in: Th. v. A., *Super Epistolas S. Pauli lectura*, Bd. 2, hrsg. von R. Cai, Rom ^{8}1953, cap. 9, lect. 2, S. 138 (mit Verweis auf Joh 5,39).

79,28 *›perfidos iudeos‹:* Die Karfreitagsfürbitte für die Juden fand im Laufe des 6. und 7. Jh.s Eingang in die römische, die gallikanische und die mailändische Liturgie. Gott wurde darum gebeten, den Schleier von den ›ungläubigen Juden‹ zu nehmen, damit sie Christus erkennen könnten. Das 1570 von Pius V. autorisierte *Missale Romanum* behielt die Fürbitte für die Juden in der Form »oremus et pro perfidis Judaeis« (»lasst uns auch für die ungläubigen Juden bitten«) bei. Erst unter dem Eindruck des Holocaust wurde 1965 im Rahmen der Liturgiereform des Zweiten Vatikanischen Konzils der schon für Reuchlin anstößige Ausdruck *perfidi* getilgt. In der Neufassung des *Missale Romanum* von 1970 wurde die Fürbitte abermals geändert. Gefasst ist sie nun als Bitte um die Treue der Juden zu ihrem Glauben. 2007 gestattete Benedikt XVI. unter bestimmten Voraussetzungen den Gebrauch des Messbuchs von 1962 und damit auch eine Rückkehr zur alten Form der Judenfürbitte. Eine veränderte Fassung von 2008 strich zwar wiederum das Wort *perfidi*, behielt aber die missionarische Stoßrichtung der Fürbitte bei, wogegen international Vertreter jüdischer Gemeinschaften protestierten.

79,33 *Panormitanus zu X 2.27.23*: Nicolaus de Tudeschis (Panormitanus), *Lectura super quinque libros Decretalium*, Bd. 2,3: *Super tertia parte secundi libri Decretalium*, Basel: Amerbach, 1487 (GW M47787), fol. MM2[v].

81,3 *Aristoteles in Peri hermeneias:* Aristoteles, *De interpretatione* 16a.

81,10 *Bücher des Porphyrios, des Kelsos:* Der neuplatonische Philosoph Porphyrios (234–301/305) verfasste eine nicht erhaltene Schrift *Gegen die Christen*, eine Widerlegung der christlichen Lehre mit philosophischen und philologischen Mitteln. Ihr Inhalt ist bekannt durch Zitate christlicher Autoren. Aus diesen wird ersichtlich, dass Porphyrios eine fundamentale Kritik an der Bibel und den christlichen Auslegungsmethoden formulierte. Möglicherweise stützte er sich auch auf die *Wahre Lehre* des platonischen Philosophen Kelsos (2. Jh.), der Christentum, Judentum und Bibel nicht nur philosophisch kritisierte, sondern auch die aus seiner Sicht negativen Auswirkungen der christlichen Glaubenspraxis auf das Gemeinwesen darstellte. Dieses Werk ist durch Zitate in der Gegenschrift des Origenes bekannt.

83,20–23 *zweite Vorrede … an Lucinius Beticus:* Hieronymus, *Praefatio in librum Paralipomenon juxta LXX interpretes*, PL 28, Sp. 1323B–1328A; *Praefatio in librum Job*, PL 28, Sp. 1079A–1081A; *Epistulae* (Anm. zu 17,10 f.), Nr. 71,2, *Ad Lucinium Baeticum*, Bd. 2, S. 5,16–6,2.

83,24 f. *Augustinus … Hieronymus:* Augustinus und Hieronymus, *Epistulae mutuae. Briefwechsel*, hrsg. von Alfons Fürst, 2 Teilbde. (Fontes Christiani 41/1–2), Turnhout 2002, *Epistulae Augustini*, Nr. 40, S. 118–135, Nr. 82, S. 260–335.

83,33 *Hieronymus … an Hedibia*: Reuchlin hat sich bei seinem Beleg geirrt. Hieronymus spricht über den zitierten Vers nicht im Brief an Hedibia, sondern in seinem Schreiben an Algasia; Hieronymus, *Epistulae*, Nr. 121, *Ad Algasiam liber quaestionum undecim*, Bd. 3, S. 8,3–13,12, die von Reuchlin erwähnte Stelle findet sich S. 10,2–7.

85,10 *Baldus zu Cod. 6.1.4:* Baldus, *Lectura* (Anm. zu 43,33 f.), Bd. 3, fol. AA6^{r}.

85,15 f. *Glosse ... zu dieser Stelle:* Glosse des Accursius zum Wort *religionum*; vgl. Codex (Anm. zu 33,18), fol. 20^{v}.

85,27 *Masora:* Der hebräische Text der Bibel bestand ursprünglich nur aus Konsonanten und enthielt keine Vokalzeichen. Zwischen dem 6. und dem 8. Jh. entwickelten die Masoreten ein System von als Vokal- und Betonungszeichen eingesetzten Punkten und Strichen, welche die Aussprache festlegten und damit zugleich Unklarheiten über die Bedeutung beseitigten, da im Hebräischen abhängig von den ergänzten Vokalen bestimmte Konsonantengruppen unterschiedliche Bedeutung annehmen können. Zusätzlich unterteilten die Masoreten den Bibeltext in Sinnabschnitte und markierten in den Handschriften besondere Schreibweisen, Parallelstellen sowie mutmaßliche Fehler in der Textüberlieferung und trugen in Listenform ungewöhnliche Schreibweisen oder Wortfolgen zusammen. Der masoretische Text ist seitdem die gebräuchliche Fassung der hebräischen Bibel.

85,33 *Korrekturen durch Esra und Nehemia:* Nach Esr 7,12–26 beauftragte der persische König Artaxerxes den Sekretär Esra damit, das Gesetz des Himmelsgottes (den Pentateuch) in Jerusalem und Juda in Kraft zu setzen. Zusätzlich erhielt er laut (dem apokryphen Text) 4 Esr 14 den Auftrag, die göttliche Offenbarung niederzuschreiben. Nach Neh 8,1–12 las Esra in Anwesenheit des Statthalters Nehemia dem Volk die Tora vor und legte sie aus. Im Babylonischen Talmud (Sanhedrin 21b) wird er deshalb mit Moses in Verbindung gebracht: Er sei aus Babylon hinaufgestiegen, um die Tora zu empfangen. In der rabbinischen Tradition galt Esra als idealtypischer Abschreiber und Erklärer der Tora. Christliche Autoren wie Irenäus, Eusebius und Hieronymus übernahmen die Vorstellung von Esra als demjenigen, der das Gesetz erneuert habe.

87,9 *72 Übersetzer:* Die Septuaginta, die griechische Übersetzung des Alten Testaments, soll der Legende nach in Alexandria von 72 jüdischen

Gelehrten in 72 Tagen übersetzt worden sein. Obwohl jeder für sich selbst gearbeitet habe, seien alle Übersetzungen identisch gewesen.

87,16 f. *Castigationes Plinianae des Ermolao Barbaro:* Ermolao Barbaro, *Castigationes Plinianae et in Pomponium Melam*, 4 Bde., Padua 1979. Der Venezianer Ermolao Barbaro (ca. 1453–1493) zeigte in seinem 1492/93 veröffentlichen Werk durch den Einsatz humanistischer Textkritik, dass die gängigen Fassungen der *Naturales historiae* des Plinius mehr als 5000 Fehler und der *Cosmographia* des Pomponius Mela mehr als 300 Fehler aufwiesen.

87,21 *chaldäische des Onkelos und Jonathan:* Der *Targum Onkelos* ist eine wohl im 2. Jh. entstandene aramäische Übersetzung der Tora. Reuchlin besaß eine Handschrift dieser Übersetzung (Codex Reuchlin 1). Seine Bibliothek enthielt auch einen *Targum des Ionathan*, eine Handschrift der Jonathan ben Uzziel zugeschriebenen aramäischen Übersetzung der Propheten (sog. Karlsruher Prophetenkodex).

87,22–29 *die des Aquila … entnehmen kann:* Mit der Vulgata erstellte Hieronymus die im Mittelalter gängige lateinische Fassung der Bibel. Einen beträchtlichen Teil der Bücher des Alten Testaments übersetzte Hieronymus neu aus dem Hebräischen. Neben einigen von Hieronymus selbst nicht übersetzten Büchern des Alten Testaments bildete auch für das Neue Testament die von Reuchlin an siebter Stelle genannte Vulgata vetus die Grundlage, die im Falle der Evangelien von Hieronymus selbst anhand des griechischen Textes verbessert wurde. Für den Psalter stützte er sich auf die griechische Übersetzung in der *Hexapla* des Origenes, einer vor 245 entstandenen synoptischen Gegenüberstellung des hebräischen Bibeltextes mit verschiedenen griechischen Übersetzungen, neben einer eigenen Überarbeitung der Septuaginta den Übersetzungen des Aquila, des Symmachus und des Theodotion. Der zum Judentum konvertierte Aquila hatte wohl in den 120er Jahren eine Übersetzung der hebräischen Bibel ins Griechische angefertigt, die eng dem Wortlaut des Hebräischen folgte. Gegen Ende des 2. Jh.s übersetzten Symmachus, von späteren Autoren mal als ebionitischer Christ, mal als ein zum Judentum konvertierter Samaritaner bezeichnet, sowie der hellenistische jüdische Gelehrte Theodotion das Alte Testament ins Griechische, wobei Letzterer eine ältere Übersetzung überarbeitete. An welche Übersetzungen Reuchlin bei denjenigen des Anonymus und des unbekannten Autors gedacht hat, lässt sich nicht mit Sicherheit feststellen.

89,1 f. *Hieronymus in seinem Kommentar zu Ez 40,5:* Hieronymus, *Commentaria in Ezechielem*, PL 25, Sp. 376C–D.

89,29 *Glosse zu Cod. 1.14.1:* Glosse des Accursius, vgl. Codex (Anm. zu 33,18), fol. 22ʳ.

91,1 *Bartolus zu Dig. 48.10.23:* Bartolus du Saxoferrato, *In secundam Digesti novi partem commentaria*, Turin 1577, fol. 182ʳ.

91,9 *Vergil in den Georgica:* Vergil, *Georgica* 2,272.

91,10 *Horaz … im Brief an Maximus Lollius:* Horaz, *Epistolae* 1,2,69 f.

91,15 *Valerius Maximus in seinen Facta et dicta:* Valerius Maximus, *Facta et dicta* 6,9.

91,26 f. *Hieronymus im Brief an Athleta:* Hieronymus, *Epistulae* (Anm. zu 17,10 f.), Nr. 107, Bd. 2, S. 291,9 f.

93,5 *Aristoteles in De anima:* Aristoteles, *De anima* II,414a.

95,17 *Meister im Fortalicium fidei:* Alfonso de Spina, *Fortalicium fidei* (Anm. zu 33,3), Lib. III, consid. 12, fol. 180ᵛᵇ.

97,12 f. *Augustinus de Ancona in seiner Summa de ecclesiastica potestate:* Augustinus de Ancona, *Summa de potestate ecclesiastica*, hrsg. von Paulus de Bergamo, Venedig: Leoviller, 1487 (GW 3054), qu. 24, art. 2, fol. l1ʳ.

99,10 *Johannes von Ragusa:* Der dominikanische Theologe wurde 1435 vom Basler Konzil nach Konstantinopel entsandt, um über die Kirchenunion zu verhandeln. Seinen mehr als zweijährigen Aufenthalt nutzte er, um sich über den Islam zu informieren und diese Kenntnisse dem Konzil mitzuteilen. Er erwarb auch eine Abschrift des Korans, die er bei seiner Rückkehr nach Basel mitbrachte. Später ging sie in den Besitz des dortigen Dominikanerklosters über.

99,13 *Bücher der Sibylle Amalthea:* Varro überliefert eine Liste von zehn weissagenden Frauen, den Sibyllen. Amalthea, die Cumäische Sibylle, habe Tarquinius Priscus, dem fünften der legendarischen Könige Roms, neun Bücher mit Weissagungen vorgelegt, doch der König habe den von ihr geforderten Preis nicht zahlen wollen. Daraufhin habe die Sibylle drei Bücher verbrannt, aber für die verbliebenen sechs denselben Preis verlangt. Als der König das Angebot erneut ausschlug, habe sie wiederum drei Bücher verbrannt, weiterhin aber den ursprünglichen Preis gefordert. Nun habe Tarquinius Priscus entschieden, wenigstens die verbliebenen Bücher zu kaufen; vgl. Lactantius, Div. inst. 1,6,10–11.

99,21 *X 5.6.10 und die zugehörige Glosse:* Glosse des Bernardus Parmensis, vgl. *Decretalium compilatio* (Anm. zu 29,16 f.), fol. Ff1[v].

101,3 *wie es jüngst geschehen ist:* Anspielung auf drei leidenschaftlich geführte Auseinandersetzungen unter Gelehrten im Heiligen Römischen Reich. Die Frage der unbefleckten Empfängnis Mariens war insbesondere zwischen Dominikanern und Franziskanern heftig umstritten. Kurz bevor Reuchlin sein Gutachten verfasste, war es 1509 in Bern zu einem Skandal gekommen. Die dortigen Dominikaner beriefen sich auf die Visionen des Novizen Johann Jetzer, der behauptete, von Maria selbst erfahren zu haben, ihre Empfängnis habe in der Erbsünde stattgefunden. Die Visionen stellten sich als fingiert heraus, und vier Dominikaner wurden öffentlich verbrannt. Bereits seit den 1490er Jahren hatte diese Frage Gelehrte wie Johannes Trithemius, Sebastian Brant und Thomas Murner publizistisch beschäftigt. 1506 hatte der Humanist Konrad Peutinger die These vertreten, Paulus sei verheiratet gewesen, was den Zorn Wigand Wirts, des Priors des Stuttgarter Dominikanerkonvents, erregte. Obwohl ihn Peutinger brieflich um Unterstützung bat, signalisierte Reuchlin inhaltlich vorsichtige Zustimmung, wollte sich aber nicht weiter in der Auseinandersetzung engagieren (vgl. RBW II, Nr. 141, S. 60–65). Im Streit, ob Augustinus ein Mönch gewesen war, standen sich Weltgeistliche und Ordensgeistliche gegenüber. Neu befeuert worden war der Streit durch Jakob Wimpfeling mit seiner Schrift *De integritate*, die 1505 den Ordensgeistlichen bestritt, sich zurecht auf Augustinus als einen der Ihren zu berufen.

101,21 *Rat Scipios:* Plutarch, *Cato* 27.

101,29 *Diokletian und Maximian:* Die Kaiser Diokletian und Maximian erließen 303/304 zusammen mit ihren jeweiligen Mitkaisern (Caesares) Galerius und Constantius mehrere Edikte gegen die Christen. Das erste Edikt ordnete u. a. die Vernichtung von christlichen Schriften und liturgischen Büchern sowie die Zerstörung von Versammlungsorten für den Gottesdienst an. Die folgenden drei Edikte richteten sich gegen den Klerus und versuchten, die Christen zur Teilnahme an den Opfern des staatlichen Kultes zu zwingen. Umfang und Auswirkung der von Diokletian und Maximian initiierten Verfolgungen sind in der Forschung umstritten.

103,2 ff. *Felix ... Septimus:* Felix (247–303) weigerte sich als Bischof im nordafrikanischen Thibiuca, die christlichen Bücher herauszugeben, wie im ersten Edikt Diokletians und Maximians verlangt wurde. Darauf wurde er hingerichtet. Januarius, Fortunatus und Septimus sollen zusammen mit ihm das Martyrium erlitten haben.

103,17 *aufgezählt ... D. 1.15.3.27–81:* erneuter Verweis auf das *Decretum Gelasianum.*

105,23 *Glosse zu D. 11.28.1.11:* Glosse des Johannes Teutonicus, vgl. *Decretum patrum siue concordantia discordantium canonum Gratiani auctoris siue compilatoris: cum apparatibus Johannis ac additionibus Bartholomei brixiensis*, Nürnberg: Koberger, 1493 (GW 11379), fol. $G9^{v}$–$G10^{r}$.

105,25 f. *Augustinus ... Quaestio 24:* Augustinus de Ancona, *Summa de ecclesiastica postestate* (Anm. zu 97,12 f.), qu. 24, art. 3, fol. $l1^{r-v}$.

105,33 *Glosse zu D. 1.45.3:* Glosse des Johannes Teutonicus, vgl. *Decretum* (Anm. zu 105,23), fol. $c3^{v}$.

107,13 f. *wie es Clem. 5.1.1 darlegt und anordnet:* Auf dem Konzil von Vienne war 1311 beschlossen worden, an den Universitäten Paris, Oxford, Bologna und Salamanca sowie an der römischen Kurie Lehrstühle für Hebräisch, Arabisch und Chaldäisch einzurichten. Der Beschluss wurde allerdings nicht umgesetzt.

Zeittafel

29. Januar 1455	Johannes Reuchlin wird in Pforzheim geboren
1470–77	Reuchlin studiert in Freiburg und Basel die Artes
1479–81	Reuchlin studiert Jura in Orléans und Poitiers
1494	Veröffentlichung von Reuchlins kabbalistischem Dialog *De verbo mirifico*
1505	Reuchlins *Tütsch Missive* wird publiziert
März 1506	Reuchlins hebraistisches Lehrwerk *Rudimenta hebraica* erscheint
1507	Veröffentlichung von Johannes Pfefferkorns *Juden Spiegel*
Januar 1509	Pfefferkorns *Juden veindt* erscheint
19. August 1509	Kaiser Maximilian I. beauftragt Pfefferkorn, jüdische Bücher zu prüfen und einzuziehen
September 1509	Pfefferkorn zieht 168 Bücher der jüdischen Gemeinde von Frankfurt am Main ein
10. November 1509	Mandat von Roveredo, Maximilian I. ernennt Uriel von Gemmingen zum Bevollmächtigten für die Überprüfung der jüdischen Bücher
Mai 1510	Maximilian I. beendet die Konfiskation jüdischer Bücher und ordnet die Rückgabe der eingezogenen Schriften an
6. Juli 1510	Kaiser Maximilian weist den Mainzer Erzbischof Uriel von Gemmingen an, mehrere Gutachten über den Umgang mit jüdischen Büchern einzuholen
12. August 1510	Uriel von Gemmingen beauftragt Reuchlin, ein Gutachten abzufassen
6. Oktober 1510	Reuchlin schickt seinen *Ratschlag* an den Mainzer Erzbischof
April 1511	Pfefferkorn greift Reuchlin mit seinem *Handt Spiegel* an
September 1511	Reuchlin veröffentlicht den *Augenspiegel*, darin Abdruck des *Ratschlags*
Oktober 1511 – März 1512	Briefwechsel zwischen Reuchlin und den Kölner Theologen über den *Augenspiegel*

April 1512	Reuchlin verteidigt sich gegen die Vorwürfe mit *Ain clare verstentnus in tütsch*
7. Oktober 1512	Kaiserliches Mandat zur Konfiskation des *Augenspiegels*
April 1513	Reuchlins ausführliche lateinische Verteidigungsschrift *Defensio contra calumniatores suos Colonienses* erscheint
9. Juli 1513	Kaiserliches Mandat zur Konfiskation der *Defensio*
9. September 1513	Jakob von Hoogstraeten lädt Reuchlin zum Prozess nach Mainz vor
12. Oktober 1513	Aussetzung des Mainzer Prozesses nach einer Intervention Uriels von Gemmingen
20. Dezember 1513	Reuchlin und Hoogstraeten werden nach Speyer vorgeladen
Januar–März 1514	Prozess von Speyer, der *Augenspiegel* wird für nicht zu beanstanden befunden, der Mainzer Prozess für nichtig erklärt, Hoogstraeten appelliert an den Papst
10. Februar 1514	Verbrennung des *Augenspiegels* in Köln
Februar 1514	Ortwin Gratius veröffentlicht in den *Prenotamenta* eine Darstellung des Mainzer Prozesses sowie die universitären Gutachten gegen den *Augenspiegel*
März 1514	Veröffentlichung der Briefsammlung *Clarorum virorum epistolae*
8. Juni 1514	Reuchlin und Hoogstraeten werden zum Prozess nach Rom geladen
2. August 1514	Pariser Theologen verurteilen den *Augenspiegel*
Sommer 1514	Ulrich von Hutten schildert im *Triumphus Capnionis* Reuchlins Sieg über seine Gegner
Herbst 1515	Der erste Teil der satirischen *Dunkelmännerbriefe* erscheint
1516	Pfefferkorn veröffentlicht sein *Streydt puechlyn*
2. Juli 1516	Die römische Kommission bestätigt das Urteil von Speyer, doch ein Mandat Papst Leos X. verschiebt den Abschluss des Prozesses

März 1517	Reuchlins zweiter kabbalistischer Dialog *De arte cabalistica* erscheint, Widmungsträger ist Leo X.
15. März 1517	Leo X. verbietet die *Dunkelmännerbriefe*
Frühjahr 1517	Der zweite Teil der *Dunkelmännerbriefe* wird publiziert
März 1519	Veröffentlichung der Briefsammlung *Illustrium virorum epistolae*
April 1519	Hoogstraeten greift mit der *Destructio cabale seu cabalistice perfidie* die christliche Kabbala an
Februar 1520	Reuchlin wird Professor für Griechisch und Hebräisch an der Universität Ingolstadt
23. Juni 1520	Aufhebung des Speyerer Urteils, Verurteilung des *Augenspiegels*
30. Juni 1522	Reuchlin stirbt in Stuttgart

Literaturhinweise

Quellen

Epistolae obscurorum virorum. 2 Teilbde.: Einführung, Text. Hrsg. von Aloys Bömer. Heidelberg 1924. ND Aalen 1978.

Pfefferkorn, Johannes: Handt Spiegel wider vnd gegen die Jüden, vnd Judischen Thalmudischen schrifftenn. [Mainz: Schöffer, 1511.] [VD 16 2294.]

– Ich bin ain Buchlin. der Juden veindt ist mein namen. Köln: Landen 1509. [VD 16 P 2315.]

– Der Juden Spiegel. Nürnberg[: Huber,] 1507. [VD 16 P 2300.]

– Defensio contra famosas et criminales obscurorum virorum epistolas. In: Eduard Böcking (Hrsg.): Ulrichi Hutteni equitis operum supplementum. Bd. 1. Leipzig 1864. S. 81–176.

Pico della Mirandola, Giovanni: 900 Thesen. Lat./dt. Übers. und hrsg. von Nikolaus Engel. Hamburg 2018.

Reuchlin, Johannes: De arte cabalistica libri tres. Hrsg. von Widu-Wolfgang Ehlers und Fritz Felgentreu. Stuttgart-Bad Cannstatt 2010.

– Briefwechsel. Hrsg. von Matthias Dall'Asta und Gerald Dörner. 4 Bde. Stuttgart-Bad Cannstatt 1999–2013.

– Schriften zum Bücherstreit. Reuchlins Schriften. Hrsg. von Widu-Wolfgang Ehlers [u. a.]. Stuttgart-Bad Cannstatt 1999.

– De verbo mirifico. Das wundertätige Wort (1494). Hrsg. von Widu-Wolfgang Ehlers [u. a.]. Stuttgart-Bad Cannstatt 1996.

Nachschlagewerke

Deutscher Humanismus 1480–1520. Verfasserlexikon. Hrsg. von Franz Josef Worstbrock. 3 Bde. Berlin [u. a.] 2008–2015.

Encyclopaedia Judaica. Hrsg. von Fred Skolnik. 22 Bde. Detroit [u. a.] ²2007.

Germania Judaica. Bd. 3. Hrsg. von Arye Maimon. 3 Teilbde. Tübingen 1987–2003.

Forschung

Abel, Wolfgang von / Reimund Leicht: Verzeichnis der Hebraica in der Bibliothek Johannes Reuchlins. Ostfildern 2005.

Ackermann, Markus Rafael: Der Jurist Johannes Reuchlin (1455–1522). Berlin 1999.

Bernstein, Eckhard: Mutianus Rufus und sein humanistischer Freundeskreis in Gotha. Köln [u. a.] 2014.

Boer, Jan-Hendryk de: Unerwartete Absichten – Genealogie des Reuchlinkonflikts. Tübingen 2016.

– Riskante Entscheidungen? Reuchlin und der hegemoniale Humanismus. In: J. Marius J. Lange van Ravenswaay / Herman J. Selderhuis (Hrsg.): Renaissance und Bibelhumanismus. Göttingen 2020. S. 11–38.

Dall'Asta, Matthias: Ars maledicendi. Etymologie, Satire und Polemik in den Schriften Johannes Reuchlins. In: Stefan Pätzold (Hrsg.): Neue Beiträge zur Stadtgeschichte III. Ostfildern 2003. S. 49–72.

Herzig, Arno / Julius H. Schoeps (Hrsg.): Reuchlin und die Juden. Sigmaringen 1993.

Kaufmann, Thomas: Luthers Juden. Stuttgart 2014.

Kirn, Hans-Martin: Das Bild vom Juden im Deutschland des frühen 16. Jahrhunderts, dargestellt an den Schriften Johannes Pfefferkorns. Tübingen 1989.

Kühlmann, Wilhelm (Hrsg.): Reuchlins Freunde und Gegner. Kommunikative Konstellationen eines frühneuzeitlichen Medienereignisses. Ostfildern 2010.

Martin, Ellen: Die deutschen Schriften des Johannes Pfefferkorn. Zum Problem des Judenhasses und der Intoleranz in der Zeit der Vorreformation. Göppingen 1994.

Overfield, James H.: Humanism and Scholasticism in Late Medieval Germany. Princeton 1984.

Peterse, Hans: Jacobus Hoogstraeten gegen Johannes Reuchlin. Ein Beitrag zur Geschichte des Antijudaismus im 16. Jahrhundert. Mainz 1995.

Posset, Franz: Johann Reuchlin (1455–1522). A Theological Biography. Berlin/Boston 2015.

Price, David H.: Johannes Reuchlin and the Campaign to Destroy Jewish Books. Oxford [u. a.] 2011.
Robert, Jörg [u. a.] (Hrsg.): »Ein Vater neuer Zeit«. Reuchlin, die Juden und die Reformation. [Ausstellungskatalog.] Tübingen 2017.
Schreckenberg, Heinz: Die christlichen Adversus-Judaeos-Texte und ihr literarisches und historisches Umfeld (13.–20. Jh.). Frankfurt a. M. [u. a.] 1994.
Trusen, Winfried: Die Prozesse gegen Reuchlins »Augenspiegel«. Zum Streit um die Judenbücher. In: Stefan Rhein (Hrsg.): Reuchlin und die politischen Kräfte seiner Zeit. Sigmaringen 1998. S. 87–131.

Nachwort

Der Auftrag

Als Johannes Reuchlin im August 1509 ein Schreiben des Mainzer Erzbischofs Uriel von Gemmingen erhielt, konnte er nicht ahnen, dass ihn der so übermittelte Auftrag die kommenden elf Jahre beschäftigen sollte. Reuchlin wurde im Namen Kaiser Maximilians I. aufgefordert, ein Gutachten über die Frage zu verfassen, ob es gottgefällig und für das Christentum förderlich sei, die von den Juden genutzten Bücher mit Ausnahme der jüdischen Bibel zu vernichten (RBW II, Nr. 170, S. 154–157). Die ihm vorgelegte Frage war für christliche Gelehrte wie für die Obrigkeit nicht neu. Seit dem 12. Jahrhundert begegnet das Thema immer wieder in antijüdischen Texten christlicher Autoren, den im Spätmittelalter sehr verbreiteten Adversus-Judaeos-Schriften. Bei den häufig unter Zwang durchgeführten Disputationen zwischen jüdischen und christlichen Gelehrten wie denjenigen von Barcelona (1263), Paris (1269) und Tortosa (1413/14) denunzierte die christliche Seite das rabbinische Schrifttum und insbesondere den Talmud als antichristlich und häretisch, da es direkt gegen das Christentum verfasst worden sei, um zu erweisen, dass Christus nicht der Messias sei. Derartige Anklagen, nicht zuletzt von mit der rabbinischen Tradition vertrauten Konvertiten vorgebracht, veranlassten Papst Gregor IX. 1239 dazu, die Erzbischöfe und Könige von Frankreich, England, Aragon, Navarra, Kastilien, Leon und Portugal aufzufordern, am 3. März des folgenden Jahres die Bücher der in ihrem Gebiet lebenden Juden einzuziehen und Dominikanern sowie Franziskanern zur Prüfung zu übergeben. Damals hatte das päpstliche Schreiben allerdings nur in Paris größere Aktivitäten nach sich gezogen. Hier wurden tatsächlich die jüdischen Bücher beschlagnahmt. Am 25. Juni 1240 begann man einen öffentlichen Prozess gegen den Talmud und den verbreiteten Talmudkommentar Rashi. 1242 wurden 24 Wagenladungen Bücher öffentlich verbrannt. 1244 initiierte Papst Innozenz IV. eine neue Untersuchung des Talmuds, die 1248 schließlich zu dessen Verurteilung führte. Weitere Verurteilungen folgten. Der Talmud war zum Symbol der vermeintlichen Christenfeindschaft und Irrtümer des Judentums geworden.

Dass das Problem 1509 im Heiligen Römischen Reich drängend erschien, war auf eine Kampagne des Konvertiten Johannes Pfefferkorn zurückzuführen. Der um 1469 geborene Josef Pfefferkorn war wohl 1504 in Köln zum Christentum konvertiert. Sein christlicher Taufname lautete Johannes. Zunächst hatte er als Laienprediger versucht, seine ehemaligen Glaubensgenossen ebenfalls zur Konversion zu bewegen. Nachdem seine Bemühungen erfolglos geblieben waren, begann er 1507 mit seinem *Juden Spiegel* eine publizistische Offensive, in der er mit volkssprachlichen Schriften christlichen Lesern seine Sicht des Judentums darlegte. Es dominierte von Beginn an eine rigorose Judenfeindschaft. Um den jüdischen Glauben zu diskreditieren, schilderte Pfefferkorn anschaulich religiöse Praktiken, die teils auf seine eigenen Erfahrungen zurückgehen. Sein Ziel war es, das Judentum lächerlich zu machen. Zugleich wandte er sich an die christliche Obrigkeit mit Vorschlägen, wie die Juden dazu gebracht werden könnten, zum Christentum überzutreten. Nicht zuletzt unter dem Eindruck seines eigenen Scheiterns als Missionar kam Pfefferkorn jedoch zu der Überzeugung, die Juden seien überwiegend nicht zu bekehren, weshalb er repressive Maßnahmen vorschlug, um die angeblich von ihnen ausgehende Gefahr für die christliche Mehrheit im Heiligen Römischen Reich zu bannen. Dazu gehörten die üblichen Instrumente, die in judenfeindlichen Schriften seit dem Hochmittelalter immer wieder begegnen: Gefordert wurden ein Wucherverbot, die Verpflichtung, christliche Predigten anzuhören, und ein Arbeitszwang. In all seinen Schriften forderte Pfefferkorn schließlich, jüdische Bücher einzuziehen und zu vernichten, da diese wesentlich dafür verantwortlich seien, dass die Juden in ihrem Glauben verharrten und der christlichen Botschaft nicht folgen wollten. Um seinen Forderungen Nachdruck zu verleihen, stilisierte Pfefferkorn den Talmud zu einer antichristlichen Kompilation und verwies immer wieder auf zwei polemische Schriften, *Nizzahon* und *Toledot Jeschu ha nozri*, die das Christentum herabsetzten und bestritten, dass Jesus der Messias sei.

Bald begnügte sich Pfefferkorn nicht mehr damit, Forderungen zu stellen. Vielmehr strebte er nun danach, das vermeintliche Übel der jüdischen Bücher selbst zu lösen. Im Juli 1509 gelang es Pfefferkorn, Kunigunde, die Schwester Kaiser Maximilians I., in einem persönlichen Gespräch für seine Pläne zu gewinnen. Wohl auf Vermittlung Kunigundes konnte Pfefferkorn am 1. August 1509 dem Kaiser selbst sein Anliegen vortragen. Dazu war er eigens nach Padua gereist. Am 19. August erhielt er das gewünschte kaiserliche Mandat, wonach alle Bücher, die die Juden in ihrem Glauben hielten oder Christen beleidigten, eingezogen, geprüft und gegebenenfalls verbrannt werden sollten. Pfefferkorn wurde zum kaiserlichen Bevollmächtigten ernannt mit dem Auftrag, entsprechende Bücher ausfindig zu machen. Umgehend machte er sich ans Werk. Seine erste Station war Frankfurt am Main, wo er am 20. September 1509 dem Rat sein Mandat vorlegte. Trotz des Protestes der jüdischen Gemeinde wurden deren Angehörige verpflichtet, ihre Bücher auszuhändigen. Pfefferkorn beschlagnahmte 168 Gebetbücher und Liturgica – den Talmud oder antichristliche polemische Schriften fand er nicht. Die Frankfurter Juden wandten sich nun direkt an den Kaiser, jedoch ohne größeren

Erfolg. Am 10. November bestimmte Maximilian I. den Mainzer Erzbischof Uriel von Gemmingen (1468–1514) zum vorrangigen Bevollmächtigten in der Angelegenheit. Für die Juden besserte sich die Situation dadurch zunächst nicht, denn der Erzbischof betraute Pfefferkorn und den Mainzer Theologen Hermann Ortlieb damit, weiter nach anstößigen jüdischen Büchern zu suchen. Immerhin verkündete der Kaiser, die Juden nicht über Gebühr belasten zu wollen, daher sollten Gutachten eingeholt werden, um zu klären, wie mit ihren Büchern zu verfahren sei. Doch dies unterblieb zunächst. Stattdessen zogen Pfefferkorn und Ortlieb die Bücher der jüdischen Gemeinden des Rheinlandes ein, darunter so bedeutende wie Worms und Mainz. Insgesamt kamen etwa 1500 Stück zusammen.

Unterdessen kämpfte die Frankfurter Judengemeinde beharrlich weiter um die Rückgabe ihrer Bücher – und hatte im Frühjahr 1510 Erfolg. Diplomatisch geschickt hatte sie es verstanden, den städtischen Rat für sich zu gewinnen. Diesem war daran gelegen, die Kontrolle über ›seine‹ Juden zu behalten und Einflussnahmen von außen zu unterbinden. Auf dem Augsburger Reichstag hatten Abgesandte des Rates und der jüdischen Gemeinde den Kaiser dazu gebracht, sein Mandat und den Auftrag an den Mainzer Erzbischof zurückzuziehen. Im Hintergrund hatten die Frankfurter Juden sowie der Rat Maximilian gegenüber erhebliche finanzielle und fiskalische Zugeständnisse gemacht. Der Habsburger tat, wozu die christliche Obrigkeit im Spätmittelalter häufig bereit war: Die eigenen judenfeindlichen Einstellungen stellte man zurück, wenn sich dies finanziell lohnte, wie man umgekehrt auch bereit war, Maßnahmen gegen die Juden zu billigen, wenn man sich davon Gewinn erhoffte. Am 7. Juni 1510 erfuhren die Frankfurter Juden, dass sie ihre Bücher zurückerhielten. Abgeschlossen war die Angelegenheit damit jedoch nicht, denn der Kaiser erließ am 6. Juli in Füssen ein neues Mandat. Er besann sich auf die

Idee, die Notwendigkeit und Rechtmäßigkeit der von Pfefferkorn betriebenen Vernichtung jüdischen Schrifttums durch Gutachten klären zu lassen. Also beauftragte er den Mainzer Erzbischof, die Universitäten Köln, Mainz, Erfurt und Heidelberg sowie den Dominikaner Jakob Hoogstraeten (um 1460–1527), den Priester Victor von Carben (1423–1515) und Johannes Reuchlin um eine Stellungnahme zu ersuchen (RBW II, Nr. 169, S. 150–154).

Hoogstraeten war als Rektor des Kölner Dominikanerkonvents zugleich Inquisitor für die Kirchenprovinzen Köln, Mainz und Trier. Eng verbunden war er der Kölner Universität, an der er promoviert worden war. Victor von Carben, Autor einer judenfeindlichen Schrift mit dem Titel *Juden Büchlein*, wirkte ebenfalls in Köln, wo auch Pfefferkorn eine Heimat gefunden hatte. Dies deutet bereits auf ein Kölner Netzwerk hin, das sich um Letzteren formiert hatte. Hierbei spielten die Dominikaner eine wichtige Rolle, anfangs auch die Franziskanerobservanten. Ihre Aktivitäten in Pfefferkorns Kampagne lassen sich jedoch nicht vollständig erhellen. Gesichert ist, dass er von Kölner Dominikanern, Franziskanerobservanten und Angehörigen der Universität unterstützt wurde, was ein Grund dafür gewesen sein wird, dass der Kaiser ihm so bereitwillig sein Ohr schenkte. Dass einige von Pfefferkorns judenfeindlichen Traktaten auch in lateinischer Übersetzung erschienen, weist ebenfalls auf gelehrte Helfer hin, denn der Konvertit konnte kein Latein. Wahrscheinlich ist zudem eine finanzielle Unterstützung von Pfefferkorns Reisetätigkeit. Gleichwohl dürfte es sich bei der später von Reuchlin und seinen Unterstützern gestreuten These, die konservativen Kölner Gelehrten und Dominikaner seien die eigentlichen Urheber von Pfefferkorns Schriften, während dieser nur als ihre Marionette nach außen fungiert habe, um eine polemische Überzeichnung handeln, in der sich Ressentiments gegen Konvertiten und die

Arroganz von Gelehrten gegenüber unstudierten Laien manifestierten.

Warum aber war Reuchlin neben Hoogstraeten und Victor von Carben als einer der Gutachter vorgesehen? Plausibel scheint diese Wahl, da es im Heiligen Römischen Reich keinen christlichen Gelehrten gab, der über bessere Hebräischkenntnisse verfügte. Seine Fertigkeiten als Hebraist hatte Reuchlin spätestens 1506 mit seinem Lehrwerk *Rudimenta hebraica* unter Beweis gestellt. Schon 1494 hatte er den großangelegten Dialog *De verbo mirifico* veröffentlicht, der unter Rückgriff auf die jüdische Kabbala über die geheime Bedeutung des Namens Jesu spekulierte. Damit setzte er das Projekt einer christlichen Kabbala fort, das der italienische Gelehrte Giovanni Pico della Mirandola (1463–1494) initiiert hatte. Zudem verfügte Reuchlin über eine ausgezeichnete Bibliothek, die eine für die damalige Zeit herausragende Sammlung hebräischer Schriften enthielt. Dass Reuchlin zum Gutachter in der Frage der jüdischen Bücher ernannt wurde, lag jedoch nicht oder nicht ausschließlich an seiner fachlichen Kompetenz, sondern war in einer strategischen Fehlentscheidung seines späteren Gegners begründet. Gemäß seinen eigenen Worten hatte Pfefferkorn selbst vorgeschlagen, Reuchlin um ein Gutachten zu ersuchen. Dass der Gelehrte Sympathien für seinen Plan hegen dürfte, schloss Pfefferkorn wohl aus der *Tütsch Missive* von 1505, mit der Reuchlin zur Frage Stellung genommen hatte, wie man mit Juden reden könnte. Anders als sein Gutachten reihte er in diesem kurzen Text zahlreiche judenfeindliche Gemeinplätze aneinander. Das gegenwärtige Unglück der Juden betrachtete der Autor als eine Strafe dafür, dass sie Christus ans Kreuz gebracht hätten. Dass sie sich der Wahrheit des christlichen Glaubens verschlössen, sei ein Zeichen der Strafe, die Gott ihnen wegen ihrer Sünde auferlegt habe. Bis heute, so behauptete Reuchlin, beharrten die Juden auf ihrem Unrecht und lästerten Christus, den sie als ›Zauberer‹ und ›Gehenkten‹ verunglimpften – ein Vorwurf, der sich auch in Pfefferkorns Schriften findet. Insofern hatte dieser gute Gründe, sich von Reuchlin Unterstützung zu erhoffen. Also suchte er, das kaiserliche Mandat im Gepäck, den Gelehrten auf der Rückreise aus Italien in Stuttgart auf und berichtete ihm von seinem Vorhaben. Reuchlin habe nichts einzuwenden gehabt, seinen Gast im Gegenteil sogar bestärkt, so Pfefferkorn. Dass es ein solches Treffen gab, hat Reuchlin nie bestritten. Und dass er zu diesem Zeitpunkt zumindest keine prinzipiellen Einwände vorbrachte, legt die Annahme nahe, dass er im folgenden Jahr um ein Gutachten ersucht wurde – dessen Ergebnis insbesondere für Pfefferkorn vollkommen unerwartet kam. Reuchlin ließ nämlich keinen Zweifel daran, dass er das pauschale Einziehen und Beschlagnahmen jüdischen Schrifttums für falsch und Unrecht hielt.

Das Gutachten

Nicht nur hinsichtlich seines Ergebnisses sprengte Reuchlins Gutachten den Rahmen. Selbiges gilt auch für dessen Umfang sowie das argumentative Vorgehen. Die übrigen Gutachten fielen eher knapp aus. Erhalten haben sich die Stellungnahmen der Universitäten Köln, Mainz und Heidelberg sowie diejenige Hoogstraetens, die von Johannes Pfefferkorn 1516 in seiner *Beschyrmung* bzw. der erweiterten lateinischen Fassung mit dem Titel *Defensio* veröffentlicht wurden. Die so überlieferten Gutachten umfassen nur wenige Seiten. Inhaltlich übernehmen sie alle von Pfefferkorn die Behauptung, die jüdischen Bücher hinderten die Juden daran, zum Christentum überzutreten, zudem enthielten sie Blasphemien gegen Christus und die Christen, was nicht zu tolerieren sei. Hoogstraeten betonte insbesondere die zahlreichen Irrtümer, Fehler und Blasphemien des

Talmuds. Diesen wollte er sogar selbst in Augenschein genommen haben, nachdem ein Rabbiner ihm ein Exemplar übergeben habe. Glaubwürdig ist diese Angabe allerdings nicht: Der Dominikaner konnte kein Hebräisch, zudem gelang es selbst dem Hebraisten Reuchlin nicht, sich eine Ausgabe des Talmuds zu beschaffen, wie er in seinem Gutachten eingestand. Neben allgemeinen religiösen Gründen berief man sich auch auf kanonisches und römisches Recht. Die Kölner Universität und Hoogstraeten verwiesen auf die *Novella* des Kanonisten Johannes Andreae, der im Kommentar zu X 3.34.8 die eingangs erwähnte Verbrennung und Verurteilung des Talmuds durch Gregor IX. und Innozenz IV. als Beweis dafür heranzog, dass der Papst die Juden bestrafen könne, wenn sie gegen das Evangelium agitierten. Dig. 10.2.4 gestattete zudem, so der Inquisitor, dass zweifelsfrei schädliche Bücher im Ganzen verbrannt würden. Besonders wenig Arbeit machten sich die Universitäten Heidelberg und Mainz, die lediglich die an sie herangetragenen Aussagen Pfefferkorns über die Gefährlichkeit jüdischer Bücher bestätigten, ohne diese jedoch überprüft zu haben.

Ganz anders ging Reuchlin vor. Seinen *Ratschlag* baute er wie eine scholastische Quaestio auf, bediente sich also einer an den Universitäten üblichen Form des Lehrens und Schreibens. Zunächst formulierte er vier Gründe, die für die Vernichtung des jüdischen Schrifttums sprechen könnten. Dann führte er sechs Gründe an, die dagegen sprächen. Es folgte die eigentliche Argumentation, bevor am Ende des Textes die vier zu Beginn genannten Argumente widerlegt wurden. Im Hauptteil des Gutachtens verband Reuchlin drei Argumentationsweisen, eine theologische, eine juristische und eine humanistische, um seine zentrale These zu belegen, man dürfe die jüdischen Bücher nicht unterschiedslos beschlagnahmen und vernichten.

Theologisch steht für ihn unter Berufung auf Mt 13,29 fest, dass Bücher, die ausschließlich verfasst wurden, um Christen und ihren Glauben zu schmähen, vernichtet werden müssten. Anders als Pfefferkorn macht Reuchlin jedoch deutlich, dass dies auf nur sehr wenige Werke zutrifft, nämlich insbesondere auf die polemischen Schriften *Nizzahon* und *Toledot Jeschu ha nozri*, die auch von Pfefferkorn angeführt worden waren. Für den Großteil der jüdischen Schriften gelte jedoch nicht, dass sie ausschließlich antichristlich motiviert seien. Insofern hatte Pfefferkorn fälschlich von einigen tadelnswerten und tatsächlich problematischen jüdischen Büchern auf deren Gesamtheit geschlossen. Selbst wenn der Talmud an einigen Stellen gegen das Christentum verfasst sei, legitimiere das doch nicht seine Vernichtung. Christus selbst habe nämlich den Juden gesagt, sie sollten ihre Schriften erforschen, denn diese würden von ihm Zeugnis geben. Für Reuchlin folgte daraus, dass jüdische Schriften und auch solche, die stellenweise christlichen Lesern anstößig erscheinen mochten, studiert werden sollten.

Er war nicht der erste christliche Autor, der unter Berufung auf Joh 5,39 das Studium jüdischer Bücher einschließlich des Talmuds rechtfertigte. Vorausgegangen war ihm unter anderem der Konvertit Paul von Burgos, der die Aufforderung Christi, die Schriften zu studieren (in der Vulgata: »scrutamini scripturas«), zu Programm und Titel seines großangelegten Dialogs *Scrutinium scripturarum* machte, mit dem er die Irrtümer seiner einstigen Glaubensgenossen zurückweisen, anhand des Alten Testaments und rabbinischen Schrifttums die Göttlichkeit Christi beweisen und zentrale Lehren seines neuen Glaubens entfalten wollte. Reuchlin übernahm diesen Ansatz und führte facettenreich und mit zahlreichen Beispielen aus, warum es theologisch bzw. religiös nachteilig wäre, wenn die Christen nicht mehr die Schriften der Juden studieren könnten. Nicht nur waren die Juden – wenn überhaupt – lediglich mithilfe ihrer eigenen Überlieferung und durch das von ihnen abgelehnte christliche Schrifttum von der christlichen

Wahrheit zu überzeugen. Obendrein besaßen die Rabbinen eine überragende Kenntnis der hebräischen Bibel, mit der nur wenige christliche Autoren konkurrieren konnten – und sicherlich keine Theologen in Reuchlins eigener Gegenwart oder jüngerer Vergangenheit, wie der humanistische Gutachter mehrfach betonte. Patristische Autoren mit Hieronymus an der Spitze hatten schließlich immer wieder die Notwendigkeit herausgestellt, den Bibeltext im Original zu studieren. Für dieses Unternehmen war aus Reuchlins Sicht die Beschäftigung mit der rabbinischen Auslegetradition ebenso unverzichtbar wie die Kenntnis der rabbinischen Textkritik. Auch auf die von Juden verfassten hebräischen Grammatiken und Lehrwerke waren christliche Gelehrte angewiesen.

Juristisch stützte sich Reuchlin auf das römische Recht, um zu beweisen, dass es Unrecht sei, den Juden ihre Bücher wegzunehmen. Rechtlich sei ihr Besitz garantiert und so zu behandeln wie derjenige von Christen. Die Juden seien Mitbürger des Heiligen Römischen Reiches und dürften daher besitzrechtlich nicht schlechter gestellt werden. Ebenso wie ihre Religionsausübung rechtlich gewährleistet war, solange sie niemandem schaden wollten, so dürften sie auch Bücher verwenden, die nicht vorrangig oder ausschließlich zum Zweck antichristlicher Polemik verfasst worden seien. Das kanonische Recht zog Reuchlin heran, um zu zeigen, dass die Juden keine Häretiker seien, da sie nie vom Christentum abgefallen und damit in Glaubensdingen auch nicht der Kirche unterworfen seien. Insofern könnten alle auf Häretiker gemünzten Rechtsstellen in der Sache keine Anwendung finden. Zudem sanktionierte das kanonische Recht aus Reuchlins Sicht, dass man nicht nur gute Bücher lese und wahre Aussagen zur Kenntnis nehme, sondern auch schlechte Bücher und Falsches studieren dürfe, beispielsweise um ebendiese zu widerlegen. Römisches wie kanonisches Recht untersagten schließlich, einfach anderen Menschen böse Absichten zu unterstellen, ohne diese Annahme überprüft zu haben. Menschliches Handeln und damit auch das Schreiben und Lesen von Büchern war hinzunehmen, solange nicht eindeutig zu erweisen war, dass dieses andere schädigen sollte. Es genügte Reuchlin zufolge nicht der bloße Verdacht, um anderen Feindseligkeit zu unterstellen und entsprechende Maßnahmen zu treffen, dieser musste auch erhärtet werden – was Pfefferkorn und dessen Unterstützern nicht gelungen war.

Schließlich ist ein humanistischer Argumentationszug in Reuchlins Gutachten erkennbar. Reuchlin folgte der humanistischen Maxime *ad fontes*, also der Überzeugung, man müsse sich zu den Quellen begeben, um richtige Erkenntnisse zu gewinnen, denn nur dort liege das Wissen rein und unvermischt vor. Für Humanisten bedeutete das, sich direkt mit den Autoren der griechischen und römischen Antike zu befassen. Dafür schätzten sie im Allgemeinen die spätere, mittelalterliche Auslegungstradition wenig. Wie einige andere Humanisten vor ihm dehnte Reuchlin diesen Anspruch konsequent auf das hebräische Schrifttum aus. Dass man sich nicht mit dem lateinischen Text der Vulgata zufriedengeben dürfe, wenn man die Bibel studieren wolle, war eine unter den Humanisten verbreitete Ansicht, wenn auch zumindest im nordalpinen Raum um 1500 noch nicht viele Gelehrte über die sprachlichen Kompetenzen verfügten, eigenständig mit dem hebräischen Bibeltext zu arbeiten. Reuchlin bezog in seinem Gutachten zudem die jüdische Überlieferung in die Rückkehr zu den Quellen ein. Ihm galten die Rabbinen als hochkompetente Ausleger des Bibeltextes, außerdem nahm er an, in hebräischen Schriften sei ein besonderes Offenbarungswissen gespeichert, welches im Judentum lange Zeit mündlich tradiert worden sei. Diese alte Weisheit, die *prisca sapientia*, glaubte er, ähnlich wie vor ihm bereits der italienische Gelehrte Giovanni Pico della Mirandola, insbesondere in der Kabbala vorzufinden, die man auf eine besondere Offenbarung Gottes an Moses meinte zurückführen zu können. Doch Reuchlin wollte nicht nur die kabbalistische Überlieferung retten, für die er sich schon lange interessierte und auf deren Grundlage er 1519 einen weiteren großangelegten Dialog mit dem Titel *De arte cabalistica* verfassen wollte. Ausdrücklich betrachtete er in seinem Gutachten auch den Talmud und die rabbinische Kommentartradition als unbedingt erhaltenswerte Überlieferung, die für christliche Gelehrte unverzichtbar sei. Ähnlich wie sich die Humanisten für spätantike Aristoteles- und Platonkommentare interessierten, so hielt Reuchlin die rabbinische Auslegungstradition für essenziell, um den Bibeltext korrekt und in all seinen Sinnschichten verstehen zu können. Wenngleich ihm einige andere Autoren in dieser Offenheit gegenüber der jüdischen Tradition vorausgegangen waren, scherte er mit seiner Haltung doch aus dem Konsens deutscher Gelehrter der Zeit aus.

Als humanistischer Gelehrter befürchtete er, dass durch eine Umsetzung der Pläne Pfefferkorns die Ressourcen unwiederbringlich verloren gingen, anhand derer es möglich war, die Bibel besser zu verstehen. Darin lag auch der Anspruch verborgen, mit den humanistischen Methoden der Textkritik und der Hinwendung zum Originaltext bessere Erkenntnisse zu erzielen, als es die an den Universitäten betriebene scholastische Theologie vermochte. Dass jüdische Bücher notwendig waren, damit christliche Gelehrte eine solide Kenntnis des Hebräischen erwerben konnten, war für Reuchlin evident, weshalb er auch derartige Schriften ausdrücklich bewahrt sehen wollte. Das humanistische Ideal des *vir trilinguis*, des Mannes der drei (alten) Sprachen Latein, Griechisch und Hebräisch, war ohne die hebräischen Bücher nicht zu realisieren. Die Umsetzung von Pfefferkorns Plänen bedeutete aus seiner Sicht folglich einen erheblichen Verlust für die christliche Gelehrtenwelt, die sich damit mutwillig wichtiger Erkenntnismittel beraubt hätte. Christliche Autoren wären gezwungen, weiterhin jene unzureichenden theologischen und apologetischen Werke zu verfassen, die christliche Theologen in der Vergangenheit produziert hätten. Reuchlin tadelte in seinem Gutachten Autoren wie Nikolaus von Lyra oder Petrus Nigri wiederholt, weil sie aufgrund mangelnder sprachlicher Kompetenz weder die Bibel noch die rabbinische Tradition, die sie zu widerlegen suchten, wirklich verstanden hätten. Dementsprechend forderte er, das Studium des Hebräischen an den Universitäten zu institutionalisieren, also den universitären Unterricht nach humanistischen Prinzipien zu reformieren. In seinem Gutachten war diese kritische Perspektive auf die scholastische universitäre Wissenschaft bereits deutlich, wenn auch noch kein bestimmendes Motiv. Das änderte sich in Reuchlins späteren Verteidigungsschriften, dem *Augenspiegel* (1511) und der *Defensio* (1513).

Alle drei Argumentationsstrategien zusammen ergaben ein radikal von den übrigen Gutachten differierendes Bild. Reuchlin begnügte sich nicht damit, Gründe dafür zu nennen, warum die jüdischen Bücher nicht eingezogen und vernichtet werden dürften und sollten. Er generalisierte das Problem, indem er das Verhältnis des christlichen zum jüdischen Wissen und damit die Beziehung des Christentums zum Judentum neu bestimmte. Dabei griff er Ideen einiger Vorläufer wie etwa Petrus Alfonsi (vor 1075 – nach 1130), Paulus von Burgos (ca. 1352–1435) und Giovanni Pico della Mirandola auf, insbesondere die Vorstellung, dass es für christliche Gelehrte unverzichtbar sei, die jüdische Überlieferung zu studieren. Nur so konnte man aus Reuchlins Sicht ein besseres Verständnis der eigenen Religion erlangen. Ein Christentum, das seine jüdischen Wurzeln verleugnete, wäre nicht in der Lage, sich selbst und seine Glaubensinhalte, geschweige denn das Alte Testament als eine seiner Grundlagen zu verstehen. Für Reuchlin bedeutete das nicht, auf den Wahrheitsanspruch des Christentums zu verzichten. Er ging im Gegenteil durchweg davon aus, dass die christliche Lehre richtig sei und das Judentum sich zu Unrecht weigerte, Christus als Messias anzuerkennen. Doch nahm er zugleich hin, dass es verschiedene Religionen gab, die alle einen eigenen Wahrheitsanspruch vertraten. Von der Berechtigung des eigenen Glaubens überzeugt zu sein, bedeutete für ihn im Unterschied zu Pfefferkorn und den Kölner Theologen jedoch nicht, dass alle anderen Überzeugungen aus der Welt geschafft werden müssten.

Auch strategisch schien ihm, wie er zum Ende des Gutachtens ausführte, das Vorgehen Pfefferkorns ungeschickt. In die Defensive gedrängt und offensichtlich in ihren Rechten gekränkt, würde man die Juden gerade in ihrem Glauben bestärken, nähme man ihnen ihre Bücher. Das Ziel, Juden zu bekehren, gab Reuchlin nicht auf. Doch er war überzeugt, dass das kirchenrechtliche Verbot gewaltsamer Mission streng umzusetzen war. Darüber hinaus glaubte er, dass nicht der menschliche Wille, sondern Gottes Ratschluss darüber entschied, wer sich der christlichen Botschaft öffnete, insofern war Zwang kein geeignetes Mittel, um das Ziel zu erreichen, Juden zu bewegen, zum Christentum überzutreten. Sanftmut war die Maxime, die er auf den letzten Seiten des *Ratschlags* für den Umgang mit den Juden einforderte: Mit ihnen war zu diskutieren, von ihnen war zu lernen, und vielleicht würden dann, rein bewegt durch gute Argumente, einige Juden freiwillig und zwanglos Christen werden. Das war aus Reuchlins Sicht eine wünschbare Entwicklung, die man als christlicher Gelehrter befördern, aber nicht erzwingen konnte.

Pfefferkorn und die ihn unterstützenden Kölner Theologen sahen sich durch Reuchlins *Ratschlag* provoziert. Pfefferkorn, noch immer Bevollmächtigter in der Judenbücherfrage, gelang es, das versiegelte Gutachten zu lesen. Rasch erkannten er und seine Förderer, dass hier nicht nur ein abweichendes Votum vorlag, sondern Reuchlin ihrem Unterfangen grundsätzlich die Legitimation bestritt. Pfefferkorn sah sich sogar direkt angegriffen, denn er diente Reuchlin als Beispiel dafür, was geschah, wenn man das Hebräische nur unzureichend beherrschte – dessen mangelnde sprachliche Kompetenz habe ihn nämlich dazu verleitet, den sogenannten Ketzersegen im jüdischen Achtzehngebet als christenfeindliche Praktik zu denunzieren, ohne dass dies von der Bedeutung der von ihm angeführten Worte gedeckt gewesen wäre. Pfefferkorn war weder bereit, diese Geringschätzung hinzunehmen, noch gab er die Hoffnung auf, seine Kampagne gegen die jüdischen Bücher fortsetzen zu können. Pünktlich zur Frankfurter Frühjahrsmesse veröffentlichte er 1511 seinen *Handt Spiegel*, in dem er Reuchlin massiv angriff. Er machte den Inhalt von dessen vertraulichem Gutachten bekannt und versuchte, es zu widerlegen. Nicht nur sprach er nun seinerseits dem Kontrahenten die Kompetenz ab, die Gefährlichkeit auf Hebräisch verfasster Bücher zu beurteilen; obendrein beschimpfte er ihn als Bundesgenossen der Juden. Gemeinsam hätten sie Pfefferkorns Projekt hintertrieben.

Reuchlin reagierte, indem er zur Herbstmesse 1511 den *Augenspiegel* herausbrachte, der sich bereits im Titel als Korrektur der Vorwürfe des blinden *Handt Spiegels* gab. Dieser Anspruch, eine richtige Sicht auf die Welt zu vermitteln, wurde visuell veranschaulicht durch eine stilisierte Brille auf dem Titelblatt (s. Abbildung S. 5). Neben dem Mandat, mit dem er zum Gutachter bestellt worden war, veröffentlichte er im *Augenspiegel*

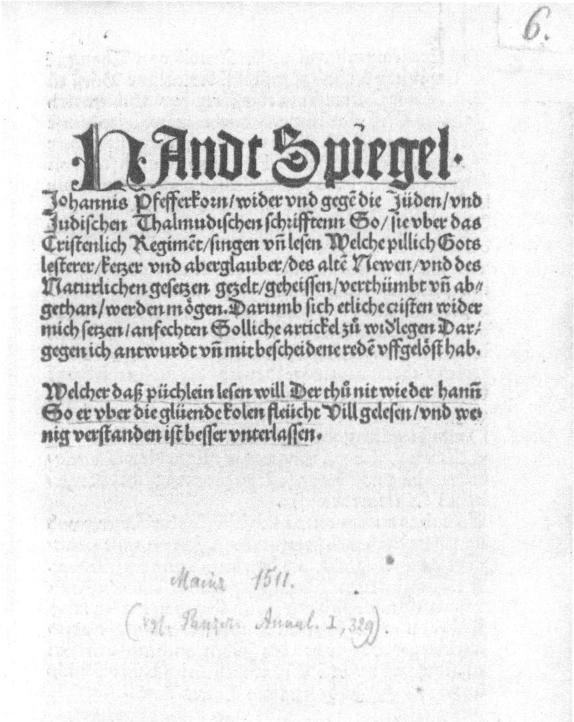

HAndt Spiegel.

Johannis Pfefferkorn/wider vnd gegē die Jüden/vnd Judischen Thalmudischen schrifftenn So/sie vber das Cristenlich Regimēt/singen vñ lesen Welche pillich Gots lesterer/ketzer vnd aberglauber/des altē Newen/vnd des Naturlichen gesetzen gezelt/geheissen/verthümbt vñ abgethan/werden mögen. Darumb sich etliche cristen wider mich setzen/anfechten Solliche artickel zů widlegen Dargegen ich antwurdt vñ mit bescheidene redē vffgelóst hab.

Welcher daß püchlein lesen will Der thů nit wieder hanñ So er vber die glüende kolen fleücht Vill gelesen/vnd wenig verstanden ist besser vnterlassen.

Titelblatt von Pfefferkorns *Handt Spiegel*, Mainz: Johann Schöffer, 1511 (Exemplar der Universitätsbibliothek Basel, CC BY-SA 4.0, DOI: 10.3931/e-rara-29482)

auch den vollständigen Text seines *Ratschlags*. Daran schloss sich die Widerlegung möglicher gegnerischer Einwände gegen seine Ausführungen an. Diesen Teil verfasste Reuchlin auf Latein, um die Diskussion zurück auf die wissenschaftliche Ebene zu verlagern und Pfefferkorn, der die Gelehrtensprache nicht beherrschte, ferner zu signalisieren, dass er sich andere Gesprächspartner wünschte. Insgesamt formulierte er 52 mögliche Einwände gegen sein Gutachten, nur um sie darauf einzeln zu widerlegen. Es folgte – wieder auf Deutsch – eine Liste mit 34 Unwahrheiten, die Pfefferkorn im *Handt Spiegel* behauptet hatte und die von Reuchlin nun als Lügen entlarvt wurden. Insbesondere verteidigte er sich gegen den Vorwurf, die Juden zu begünstigen. Anders als von Pfefferkorn behauptet hätten ihn nicht heimliche Sympathien mit den Juden oder gar Bestechungsgelder zu seiner Stellungnahme veranlasst. Wie schon in seinem Gutachten machte er deutlich, dass er den jüdischen Glauben für falsch halte und von der Wahrheit der christlichen Lehre überzeugt sei. Dies sollte jedoch, wie der *Augenspiegel* erneut ausführte, kein Hindernis sein, sich der jüdischen Überlieferung vorurteilsfrei und unter wissenschaftlichen Gesichtspunkten zu nähern, statt einfach Unbekanntes zu verurteilen.

Der *Augenspiegel* verärgerte nicht nur Pfefferkorn, sondern auch die Kölner Theologen. Reuchlin erhielt im November 1511 eine dringliche Warnung, man könne eine Untersuchung seiner Schrift beginnen und diese verurteilen. Daraufhin entspann sich über mehrere Monate ein Briefwechsel, in dem sich die Fronten rasch verhärteten. Reuchlin war nicht bereit, sich von seinem Gutachten und dem *Augenspiegel* zu distanzieren und Irrtümer einzugestehen, die Kölner wollten sich nicht von Reuchlins Thesen überzeugen lassen. Den Theologen war insbesondere daran gelegen, dass die Auseinandersetzung nicht weiter publizistisch und vor allem nicht in der Volkssprache geführt, sondern nach den gewohnten Regeln universitärer Konflikte behandelt würde. Sie reklamierten für sich das Recht, eine anstößige Schrift zu prüfen und gegebenenfalls einzelne Thesen oder den Text im Ganzen zu verurteilen. Gemäß den etablierten Modi des Konfliktaustrags hätte Reuchlin seine Aussagen widerrufen und für falsch erklären müssen. Dann wäre Ruhe eingekehrt.

Doch Reuchlin dachte nicht daran nachzugeben. Vielmehr bestritt er den Kölnern immer entschiedener das Recht und die Kompetenz, über den *Augenspiegel* zu urteilen. Zudem tat er, was die Theologen zu verhindern gesucht hatten: Zur Frankfurter Frühjahrsmesse 1512 veröffentlichte er eine weitere deutschsprachige Verteidigungsschrift mit dem Titel *Ain clare verstentnus in tütsch*. Die beteiligten Parteien hatten damit ihre Strategie gefunden, wie sie die Auseinandersetzung führen wollten. Reuchlin hatte erkannt, dass die Theologen nur einen Widerruf akzeptieren würden und eine für beide Seiten gesichtswahrende Einigung nicht möglich war. Dadurch sah er jedoch seine Ehre gekränkt und suchte sich die Unterstützung andernorts. Er bediente sich seiner humanistischen Netzwerke, um eine gelehrte Öffentlichkeit zu mobilisieren. In zahlreichen Briefen warb er um Unterstützung und insinuierte, dass die Universitätstheologen in seiner Person die humanistische Bewegung und deren Ideen angriffen. Im Frühjahr 1513 brachte er zudem eine ausführliche, wieder auf Latein verfasste Verteidigungsschrift heraus, deren Titel *Defensio contra calumniatores suos Colonienses* bereits die Kölner Gelehrten als die eigentlichen Feinde identifizierte. Reuchlin polemisierte nun rücksichtslos gegen seine Gegner, deren Handeln, Kompetenz und Charakter.

Hatte er spätestens mit der Veröffentlichung von *Ain clare verstentnus in tütsch* erkennbar die Hoffnung aufgegeben, seine Antagonisten zu überzeugen, gelang es ihm tatsächlich, vor allem junge Humanisten zu mobilisieren. Diese interessierten sich allerdings kaum für den eigentlichen Streitanlass, den Umgang mit jüdischen Büchern, vielmehr wollten sie ihre humanistischen Ideen gegen deren scholastische Verächter verteidigen. Dass die Kölner Theologen einen herausragenden deutschen Humanisten angriffen, konnten potentielle Bundesgenossen der 1514 erschienenen Briefsammlung *Clarorum virorum epistolae* entnehmen, welche zahlreiche Schreiben an Reuchlin veröffentlichte, die die große Wertschätzung dokumentierten, die er europaweit genoss. 1519 sollte eine zweite Sammlung folgen, die unter dem Titel *Illustrium virorum epistolae* jene Briefe von Humanisten allgemein bekannt machte, die ihren hochgeschätzten Kollegen im Streit mit den Kölner Scholastikern unterstützt hatten.

Als besonders leidenschaftliche Anwälte erwiesen sich die Mitglieder des Kreises um den Gothaer Kanoniker Konrad Mutian (1470–1526). Hielt sich dieser selbst weitgehend bedeckt, schickten seine Schüler und Mitstreiter Reuchlin zahlreiche Solidaritätsadressen. Insbesondere verfassten sie mehrere satirische Schriften, die die Kölner Gelehrten und deren universitäres Netzwerk verspotteten. Ulrich von Hutten (1488–1523) imaginierte 1514 zudem in einem langen Gedicht den Triumph Reuchlins über seine Gegner. Das berühmteste Produkt dieser publizistischen Kampagne sind die *Epistulae obscurorum virorum* (*Dunkelmännerbriefe*), die in zwei Teilen 1515 und 1517 erschienen. Obwohl sie anonym herauskamen, sind inzwischen Crotus Rubeanus (ca. 1480 – ca. 1545) und Hermann von dem Busche (ca. 1468–1534) für den ersten und Ulrich von Hutten für den zweiten Teil als Hauptautoren identifiziert worden. Ihr Spott galt nicht nur der aus ihrer Sicht verknöcherten universitären Scholastik, sondern insbesondere jenen an den Universitäten beheimateten Gelehrten, die vom Hergebrachten nicht lassen mochten, sich aber doch einige humanistische Techni-

Titelblatt der *Epistulae obscurorum virorum*, Vol. II,
[Köln: Heinrich von Neuß, 1517]

ken aneignen wollten. Fiktive Briefe solcher Dunkelmänner, geschrieben in erbärmlichem Latein und strotzend vor Anmaßung und Unwissenheit, legten die jungen Humanisten nun der Gelehrtenwelt vor – und konnten darauf bauen, dass sich Gleichgesinnte köstlich amüsieren würden. Während die meisten Dunkelmänner Phantasiefiguren waren, zeichneten sie eine reale Person als deren Haupt: den Kölner Gelehrten Ortwin Gratius (1481–1542), der selbst humanistische Neigungen pflegte und für einige der lateinischen Übersetzungen der Schriften Pfefferkorns verantwortlich war. Zudem hatte er eine Materialsammlung zum inzwischen angestrengten Prozess gegen den *Augenspiegel* veröffentlicht.

Pfefferkorn blieb bei seiner Strategie, seine Sicht des Geschehens publizistisch zu verbreiten. Er veröffentlichte bis 1521 immer wieder Traktate, die nun nicht mehr vorrangig gegen das Judentum gerichtet waren, sondern gegen Reuchlin. Besonders wichtig auch für die heutige Forschung ist seine 1516 erschienene *Beschyrmung*, denn hier erzählt Pfefferkorn nicht nur den Hergang des Konflikts aus seiner sehr parteiischen Sicht, sondern veröffentlicht auch zahlreiche Dokumente, die es erlauben, die einzelnen Eskalationsschritte nachzuvollziehen. Symptomatisch ist dabei, dass selbst bei Pfefferkorn der eigentliche Anstoß der Auseinandersetzung, das Vorgehen gegen die jüdischen Bücher, nur noch eine marginale Rolle spielte, wenn auch judenfeindliche Polemik weiterhin präsent war. Dies gilt für alle Seiten. Während Pfefferkorn und die Kölner Theologen versuchten, Reuchlin als Judenfreund herabzusetzen und gegen jegliche Verwendung jüdischen Wissens durch Christen polemisierten, nutzten die Humanisten antijüdische Stereotype, um insbesondere den Konvertiten Pfefferkorn zu diffamieren. Ihm unterstellten sie, zwar äußerlich Christ geworden zu sein, tatsächlich aber seine jüdische Herkunft nicht verleugnen zu können.

Publizistisch griff der Kölner Professor Arnold von Tongern (ca. 1470–1540) 1512 mit einer ausführlichen lateinischen Widerlegung des *Augenspiegels* in die Auseinandersetzung ein, ohne deren Verlauf jedoch entscheidend prägen zu können. Jakob Hoogstraeten, der immer mehr zum wichtigsten Gegenspieler Reuchlins wurde, wandte sich mit zwei Apologien 1518 und 1519 gegen den aus dem heutigen Srebrenica stammenden Georgius Benignus (ca. 1445–1520) und den Adligen Hermann von Neuenahr (1492–1530), die ihrerseits wiederum Verteidigungsschriften für Reuchlin herausgebracht hatten. Ebenfalls 1519 versuchte Hoogstraeten schließlich, Reuchlins *De arte cabalistica* mit seiner *Destructio Cabale* als gefährliche Irrlehre zu erweisen. Zugleich verteidigte er die Scholastik als einzig legitime Erkenntnismethode. Eine vertiefte inhaltliche Auseinandersetzung mit der christlichen Kabbala gelang dem Dominikaner nicht, war aus seiner Sicht wohl auch nicht erforderlich, da er vor allem jeden Versuch abwehren wollte, jüdisches Wissen in christliche Diskussionen einzuführen.

Die Kölner Theologen versuchten, die Auseinandersetzung mit ihren Machtmitteln unter Kontrolle zu bringen. Bestärkt sehen konnten sie sich in ihrem kompromisslosen Vorgehen, weil der Kaiser seinen Gutachter nicht schützte. Vielmehr erließ er 1512 und 1513 Mandate, die die Verbreitung des *Augenspiegels* und der *Defensio* verboten. Im Sommer 1513 verurteilten außerdem die theologische Fakultät der Universität Köln sowie die mit Köln eng verbundene Universität Löwen den *Augenspiegel*. Im Herbst folgte ihnen die Universität Mainz. Damit nicht zufrieden, initiierte Hoogstraeten im September 1513 einen Prozess gegen den *Augenspiegel*, der in Mainz stattfand. Der Dominikaner kontrollierte das Verfahren, so dass Reuchlin nicht auf ein günstiges Urteil hoffen konnte. Deshalb appellierte er an den Papst. Hilfe kam in Gestalt des Mainzer Erzbischofs, der den Prozess unterbrach, bevor Papst Leo X.

den Fall dem Bischof von Speyer übertrug. Der Speyerer Prozess verlief für Reuchlin von Beginn an günstig. Am 29. März 1514 wurde er vom Häresievorwurf freigesprochen, auch der *Augenspiegel* wurde als nicht zu beanstanden befunden. Hoogstraeten wurde mit einer Strafe belegt. Nun war es an ihm, an den Papst zu appellieren. Die endgültige Entscheidung musste in Rom fallen. Daran änderte auch die Verurteilung des *Augenspiegels* durch die theologische Fakultät der Universität Paris nichts, die zwar einen Prestigeerfolg für die Kölner Theologen darstellte, Reuchlin und seine Unterstützer jedoch nicht beeindruckte.

Der römische Prozess zog sich mit vielen Unterbrechungen über Jahre hin. Als die zuständige Kommission 1516 bereit war, das Urteil von Speyer zu bestätigen, intervenierte der Papst und schob eine Entscheidung auf. Hinter den Kulissen versuchten beide Seiten, die Untersuchung in eine für sie günstige Richtung zu wenden. Vor allem die Unterstützer Reuchlins veröffentlichten zahlreiche Traktate, Briefe und Dialoge, um ihn und seine Schriften zu verteidigen. Inzwischen hatte die Auseinandersetzung eine internationale Dimension angenommen. So trat etwa der italienische Franziskaner Petrus Galatinus (1460–1540) im Herbst 1516 mit einer ausladenden Verteidigung der christlichen Kabbala hervor, ohne allerdings deren Feinde überzeugen zu können. Trotz all dieser Bemühungen setzten sich letztlich die Kölner durch, denn am 23. Juni 1520 wurde der Speyerer Urteilsspruch aufgehoben und der *Augenspiegel* verurteilt. An der Kurie hatte die allzu lautstarke Polemik der jungen Humanisten einen für Reuchlin nachteiligen Eindruck hinterlassen. Obendrein war man angesichts der Unruhe, die der Mönch Martin Luther von Wittenberg aus im Heiligen Römischen Reich entfacht hatte, entschlossen, die etablierte Ordnung im Norden zu verteidigen. Das Urteil gegen Reuchlin fügte sich in die neue Rigorosität, mit der gegen unbotmäßige deutsche Gelehrte vorgegangen wurde. Reuchlin selbst war zwar unzufrieden mit dem Urteil, sein kurz aufflackernder Widerstandsgeist erlahmte jedoch rasch. Auf weitere publizistische oder juristische Interventionen verzichtete er. Da er, anders als sein langjähriger Schützling Philipp Melanchthon, die Wittenberger Reformation nicht unterstützte, sah er auch davon ab, seine Sache mit dem neuen Konfliktfeld zu verbinden. Seine Briefe deuten darauf hin, dass er froh war, die wenige Zeit, die ihm noch auf Erden verblieb, in Ruhe zubringen zu können. Am 30. Juni 1522 ist Reuchlin in Stuttgart gestorben.

Was bleibt

Über die heftige Auseinandersetzung hinaus, die Reuchlins *Ratschlag* entfachte, stellt dieser Text eine wichtige Etappe im Verhältnis des Christentums zum Judentum dar. Es wäre zwar falsch, Reuchlin als Philosemiten anzusehen. Auch ist er kein Vorläufer des Toleranzgedankens der Aufklärung. Sein Gutachten zielte vielmehr auf ein Tolerieren im Sinne des lateinischen Wortes *tolerare*, ein – möglicherweise schmerzliches – Hinnehmen und Ertragen des Anderen und Abweichenden: Die Christen hatten aus seiner Sicht hinzunehmen, dass die Juden ihrem eigenen Glauben folgten und davon überzeugt waren, dass ihr Glaube wahr sei. Man sollte mit ihnen diskutieren, so weit wie möglich von ihnen lernen, sie vielleicht sogar überzeugen. Das alles sollte jedoch ohne Gewalt und im Rahmen des Rechts geschehen. Diejenigen, die andere Überzeugungen vertraten, einen anderen Glauben praktizierten, waren aus Reuchlins Sicht dazu berechtigt – selbst wenn ihre Aussagen für einen christlichen Leser anstößig erscheinen konnten.

Reuchlin nahm an, dass zunächst einmal alle Gläubigen, Juden wie Christen, die Wahrheit ihrer Überzeugungen erweisen und verteidigen wollten. Und dazu hatten sie jedes Recht – in juristischer wie diskursethischer Hinsicht. Gewahrt werden sollten dem *Ratschlag* zufolge lediglich einige diskursive Spielregeln: Schmähungen, Herabwürdigungen und Falschaussagen waren nicht zu akzeptieren. Insofern sie in einem Text vereinzelt vorkamen, konnte man sie widerlegen, wenn Feindseligkeit und Aggression jedoch die einzigen Motive dafür waren, dass ein Text in die Welt gesetzt wurde, war dieser dadurch delegitimiert. Heute würde man derartige Schriften wohl als *hate speech* einordnen. Für diese galt die Reuchlin'sche Idee der Toleranz nicht: Wenn allein Hass die Feder führte, konnte nichts herauskommen, das erhaltenswert war. Doch, auch dies legte Reuchlin dar, derartige eindeutig und ausschließlich feindselige Schriften bildeten in der jüdischen Literatur eine geringe Minderheit. Von dieser Gruppe abgesehen, hatte man Reuchlins Gutachten zufolge abweichenden Meinungen mit Wohlwollen zu begegnen, welches sich nicht auf die jeweiligen Inhalte bezog, diese also nicht für gut befinden musste. Vielmehr wollte Reuchlin, dass man anderen nicht einfach unterstellte, Schlechtes zu beabsichtigen. Aussagen sollten genau geprüft und gegebenenfalls begründet widerlegt, aber nicht pauschal verurteilt werden. Reuchlins Gutachten trat dafür ein, dass auch diejenigen, die andere Ansichten hegten, diese äußern und verschriftlichen durften, ein Recht, das Pfefferkorn und die Kölner Theologen vehement ablehnten. Zugleich plädierte er im Unterschied zu seinen Widersachern dafür, dass man auch jene Texte zu studieren habe, mit deren Ausrichtung und Haltung man nicht übereinstimmte. Etwas ungeprüft zu verdammen, lehnte er ab. Zudem schien es ihm ratsam, auch in den Werken der Gegenseite nach wahren Aussagen und relevanten Wissensbeständen zu forschen, die möglicherweise helfen konnten, die eigenen Traditionen und Lehren besser zu verstehen.

Vergleicht man Reuchlins Haltung mit scharf judenfeindlich argumentierenden Autoren wie Petrus Nigri (1434–1481/84) oder Johannes Pfefferkorn oder dem späten Luther, der in Schriften wie *Von den Juden und ihren Lügen* (WA 53, S. 412–552) seinem Judenhass keine Zügel mehr anlegte, fällt auf, dass der Jurist und Humanist nicht strikt religiös oder theologisch, aber auch nicht ausschließlich juristisch oder als humanistischer Philologe argumentierte. Martin Luther, der auf dem Höhepunkt des Reuchlinkonflikts 1514 gegenüber Georg Spalatin seine Sympathien für Reuchlin bekundet hatte (WA Br 1, Nr. 9, S. 28), kritisierte ein Jahr nach dessen Tod in *Dass Jesus Christus ein geborener Jude sei* (WA 11, S. 307–336) das bisherige Vorgehen der Kirche gegenüber den Juden. Zu diesem Zeitpunkt lehnte er ein gewaltsames Vorgehen und Zwangsmissionierungen ab. Er begründete dies einerseits damit, dass Gott die Juden besonders ausgezeichnet habe, da er den Heiland aus ihnen erwählte, andererseits mit dem Scheitern des kirchlichen und obrigkeitlichen Vorgehens gegen die Juden. Mit den bisherigen Strategien waren die Juden nicht zu bekehren. Luther glaubte, den entscheidenden Beitrag zu einem richtigen Verständnis der Bibel geleistet zu haben. Damit erwuchs die Hoffnung, nun werde es endlich möglich, den Juden unwiderlegbar aus der Bibel zu beweisen, dass Jesus Christus der Messias sei. Ein Verbleiben im jüdischen Glauben stellte damit für Luther im Unterschied zu Reuchlin nur eine vorläufig noch akzeptable Option dar. Auf Dauer konnten und sollten aus Luthers Sicht Christentum und Judentum nicht koexistieren. Seine strikt religiös-theologische Argumentation ließ damit der obrigkeitlichen Judenpolitik keinen eigenständigen Spielraum. Reuchlin argumentierte zwar auch, aber nicht ausschließlich religiös. Stattdessen bestimmte er die Spielräume obrigkeitlicher Judenpolitik primär rechtlich. In diesen Rahmen bettete er seine religiöstheologischen wie seine humanistisch-philologischen Überlegungen ein.

Dass Reuchlin zu einem in wesentlichen Punkten von den meisten Zeitgenossen differierenden Konzept für das Zusammenleben von Juden und Christen kam, lag nicht zuletzt daran, dass er nicht einem herrschenden Diskurs folgte, sondern verschiedene Argumentationsweisen und Autoritäten kombinierte. Zudem besaß er als Philologe und christlicher Hebraist ein Interesse an der jüdischen Überlieferung, wohingegen viele christliche Judenfeinde gegen das Judentum und dessen Traditionen anschrieben, ohne davon mehr als oberflächliche Kenntnisse zu besitzen. Schließlich konnte Reuchlin offenbar besser als viele andere damit leben, dass die Wirklichkeit sich nicht immer seinen Wünschen fügte, sondern in ihr Menschen verschiedenen Glaubens und unterschiedlicher Überzeugungen lebten. Diese Tatsache wollte er eher als Chance begreifen, Erkenntnisse zu gewinnen und vom Fremden zu lernen, denn als Gefährdung des eigenen Glaubens und Wissens. Dies war ein hoher Anspruch, den nur wenige Zeitgenossen teilten und dem er – heftig kritisiert und angefeindet von seinen Gegnern – in den auf sein Gutachten folgenden Jahren selbst häufig nicht entsprechen konnte. So eskalierte eine Auseinandersetzung, die sich in ihrer Eigendynamik der Kontrolle der Protagonisten alsbald entzog. Ungeachtet aller Angriffe rückte Reuchlin jedoch von der Position, die er im *Ratschlag* formuliert hatte, inhaltlich nicht ab. Vielmehr demonstrierte er ganz im Sinne der Thesen seines Gutachtens mit seinen kabbalistischen und hebraistischen Werken, was christliche Leser gewinnen konnten, wenn sie die jüdische Überlieferung nicht missachteten, sondern erforschten.

Inhalt